思索 成长 攀升

跟着小珂老师进课堂

阳 珂 / 著

东北师范大学出版社
长 春

图书在版编目（CIP）数据

思索 成长 攀升：跟着小珂老师进课堂 / 阳珂著
. — 长春：东北师范大学出版社，2021.9
ISBN 978-7-5681-7601-9

Ⅰ. ①思… Ⅱ. ①阳… Ⅲ. ①政治课－课堂教学－教学研究－中学 Ⅳ. ①G633.202

中国版本图书馆CIP数据核字（2021）第194630号

□责任编辑：石 斌 □封面设计：言之凿
□责任校对：刘彦妮 张小娅 □责任印制：许 冰

东北师范大学出版社出版发行
长春净月经济开发区金宝街 118 号（邮政编码：130117）
电话：0431-84568115
网址：http：//www.nenup.com
北京言之凿文化发展有限公司设计部制版
北京政采印刷服务有限公司印装
北京市中关村科技园区通州园金桥科技产业基地环科中路 17 号（邮编：101102）
2021年9月第1版 2021年10月第1次印刷
幅面尺寸：170mm × 240mm 印张：13.75 字数：181千

定价：45.00元

序言

PREFACE

我是谁，为什么要写这样一本书

2001年7月，我从华南师范大学毕业，扛着行李，穿过广州市老城区农讲所古老的石板街道，走进一扇并不起眼的铁门，成了广东实验中学（简称“省实”）的一名教师。那扇并不起眼的铁门里面，有一棵古老的苍天榕树，近20年过去了，省实的校园版图在不断扩大，但旧校区的那棵苍天古树却一直是我省实情结中不朽的记忆。两排教学楼里，坐着省内数一数二的中学学子以及兢兢业业的教师，他们是我的学生和同事。从课桌到讲台，从那一刻起，我完成了学生向教师的华丽转身。

我第一次正式站上省实的讲台是参加招聘试讲的时候，具体讲的什么内容，我已不太记得，这成了我后来很大的一个遗憾。当我从一个青涩的年轻教师成长为今天在省内外略有影响力的一名思政课教师的时候，我越发觉得记录下每一次宝贵的课堂瞬间是多么有意义的一件事情。可惜，当初我年少轻狂、心无宏志，也并不觉得记录有多么重要，错过了很多课堂的精彩瞬间，没有认认真真记下那堂于我而言至关重要的第一课。如今当我提起笔回忆的时候，我记得那堂课下来，当时的老校长、教学处主任以及老科长、老教师对我加以鼓励，大概他们认为一个初出茅庐的大学生能够把一堂高二的思政课上成那副模样，已经不错了。

这些鼓励于我而言是莫大的能量，它给了我最初站上讲台的自信心。但具体讲了些什么，我是无论如何也回忆不起来了。我在想，如果我当初一笔一画将整个课堂过程记录下来，如今再去审视那堂课，又会生出怎样的感叹呢？后来无数次听新教师讲课的时候，我总会想起自己第一次上讲台时的情景，想起前辈们对我的鼓励。一名新教师要走的路其实很长。

多年以后，当我已经成了一名资历颇深的老教师的时候，在一次省内大型青年教师技能大赛的决赛现场，我记住了一位年轻的政治老师。演讲环节，她拿出了厚厚的一沓稿纸，说："自从做老师以来，我就养成了一个习惯，把我上的很多课都记录下来，当我开始写记录和反思的时候，我更加明白，我这堂课还有什么是需要去改善的，这是我成长的原因。"

怪不得这位年轻的政治老师能够站到这样的舞台上，她娴熟的上课功底让我刮目相看。圣人曰"三人行，必有我师焉"，从那一天开始，不管有多少忙碌的借口，我都会抽出时间，静下心来敲字，有些是对自己课堂的整理与记录，有些是对别人课堂的回顾与学习，有些是对未来课堂的憧憬与设想，有些只是当时的一些随想……

我第一年做班主任就被委以重任，担任高中文科实验班班主任。那一年，我只比学生年长几岁，和他们站在一起，我没有年龄上的绝对优势，面对学霸，甚至连学识都显得捉襟见肘。

当我站上讲台的时候，台下无数双求知的眼睛看着我。学生翻开书本，拿出了纸笔。看到此情此景，当时的我心里并不十分淡定，但还是表面非常淡定地上完了这正式的第一课。那是一节经济常识课，讲的是商品的相关内容。这之后，就有了无数节课。那时候，学校要求年轻教师必须写纸质的教案。有一些教案放到现在，纸张早已泛黄，内容也早已过时，但每当翻开这些教案的时候，我都会回忆起那些我上过的课，课堂40分钟，那里面，有太多我成长的心路历程。

如今，网络非常发达，学校也要求年轻教师撰写教学设计，教学处也会定期收上来检查一二，但坚持手写的人却越来越少了。在从网上就可以获取很多现成备课资料的今天，究竟还有多少教师在坚持自己独立思考、独立备课和制作课件，坚持写自己的教学设计和教学反思呢？

我们校长说：“没有分数就没有明天，但只有分数也没有明天。”他还说过：“教育，是最不可以急功近利的东西。”

其实，不仅教学生如此，教师自己的成长也是如此。

除了工作以外，其实我还有很多爱好，有时间的时候，我也热衷于下厨，能整出一大桌子的“色香味俱全”，我也晒朋友圈，我认认真真地活着，也努力进取地工作着。任何事情都不可以急功近利，沉下心来，一点一滴地去做事情，这是一个日积月累、水滴石穿的事情。

比如，虽然起步有点晚，但我坚持把对我有影响力的课堂瞬间（那些有意义的，有启发的，有趣的，值得去反思、必须去改进的地方）都记下来。终有有用的时候，也许不是某一时刻，而是潜移默化地影响我的很多时候。

这大概是我作为一名资历较老的教师对所有教师，尤其是年轻教师的一点点忠告吧。

你认为自己特别应该或者想要去做到的三件事情是什么呢？你理解的教师教育教学能力包括哪些呢？

在我看来，对于教师而言，首先要评估自己的教学设计能力、知识理解和技术操作能力、交流沟通能力、反思能力和教育科研能力，然后在此基础上做一些计划与改变。

第一，坚定信心，适应转变。

从现在起，你就是正式的人民教师。对职业的认同、对职业价值的研判、职业规范、职业素养、职业操守等都是你起步的基础课程，而这些是需要一辈子去体会、提升、精进、吸收、转化的，不只是职业起步这一阵子的事。从学生或其他领域成为教师，好多方面都要去适应和改变。

第二，有规划，有行动，有思考。

要研究自己、认识自己、反思自己、规划自己。

不管在何种改革背景下，教师的成长首先是要埋头做事，但也不仅仅是埋头做事，也要仰望自己头顶的星空，给自己放空的时间去思考。通过经历的事情，去思考如何做得更好。

青年教师在刚工作的至少三年时间里要每天坚持写教学随笔和教学反思，反思教学过程中的得与失，积累教学经验；工作三年后可以定期写教学随笔和教学反思，为下一个阶段的教学寻找更好的方法。撰写的反思材料可长可短，不一定是针对整堂课，可以针对一个教学小片段等。在基础教育界享有盛誉的叶澜教授曾提出这样的观点：一个教师写30年教案不一定有效果，但坚持写三年教学反思一定能成为优秀的教师。

在教师专业成长里，有一门学问最重要又最不完备，这门学问就是关于“认识自己”的学问。认识自己、分析自己、认清自己，是世界上最难的事情。博众家之长，分析自己、反哺自己、栽培自己、挖掘自己，最终成长为有自己标识的教师。

要多向有经验的名教师学习，不忘初心，超越自己；永葆匠心，成就自己。

第三，教学与科研相结合。

2019年年底，《教育部关于加强新时代教育科学研究工作的意见》（以下简称《意见》）发布，这是中华人民共和国成立以来，专门就教育科学研究工作由教育部印发的第一个规范性文件。

教学与科研和教师成长及教育发展的关系问题，即教学与科研是相长还是相斥，一直是教育界的热点话题。

事实上，教学与科研不仅是相长的，还是促进教师专业成长的两翼，是相互成就的统一体。正如《意见》指出的，教育科学研究对教育改革发展具有重要的支撑、驱动和引领作用。新一轮的教育教学改革迫切需要教育科研更好地探索规律、破解难题、引领创新。新教师工作时间不长，职业生涯尚处于“跟跑”状态，以模仿、学习、借鉴的方式积累实践经验，尚未达到实践研究及理论创新的阶段。此时，过多地要求他们开展科研，的确会分散他们学习与积累实践经验的精力。

那我们应该什么时候开始做教育科研呢？什么样的科研是有效的？这些都需要我们结合实际来深度思考。

每一次的教学改革都是我们同时进行教学提升与课题研究的新机遇。我们倡导青年教师结合新课改，真正从教学实践中寻找值得探讨的有实际意义的问题作为课题研究的内容，而不是贪大、贪多。对课改实验中遇到的热点、难点问题进行分析研究，概括提炼出课题，再组织攻关突破，并把研究成果直接运用到教育教学中，从而培养青年教师“带着问题搞科研、带着科研进课堂”的意识。

在科研的选题上，青年教师要把握素质教育和新课程改革的发展方向，特别要围绕课程标准、校本课程资源开发、学习方式、师生关系、研究性学习、课堂教学方法、综合实践活动、学生发展性评价、教育信息与教学资源整合等热点，从“小处”着手，选小题目，做深、做透，研究实实在在的问题，脚踏实地，不好高骛远，“以小见大”；从教育教学中的小问题、小现象、小策略、小故事入手，提出自己的理论，形成自己的管理、教育、教学特色。限于时间和精力，青年教师的教学研究应以多种形式为载体，可以选择如撰写教育案例、教学反思、教育叙事、研究论文，开展教育（教学）思想研讨会、学术论坛、教育沙龙、名师工作室、教学模式推介、公开课展示等多种活动。

教育研修应该实事求是，采取问题导向的方式，以教学中出现的实际问题为切入点和出发点，以解决问题为目标和落脚点。也就是说，青年教师的教科研可以从最简单的做起，开展以解决问题为目标，以课堂观摩为手段，以课例分析为载体，以行为研究为主要内容的教研活动，用教学研究引领教师专业发展的实践。

2019年，国务院办公厅印发《关于新时代推进普通高中育人方式改革的指导意见》（以下简称《指导意见》），这也是21世纪以来以国务院办公厅名义印发的第一个关于推进普通高中教育改革的重要纲领性文件。根据《指导意见》，2022年前普通高中将全面实施新课程，使用新教材。广东省目前的实施情况是：2021届采用旧教材、新高考方案的模式，从2023届开始，也就是2021级的高一新生，将全面实施新教材、新高考方案。目前，广东省各地的中考也同步实施了新的中考方案。如何做好初中、高中教育教学的有效衔接，是新时代每一位教师要深度思考的问题。如何在新课程改革的背景下做到教育教学的守正创新，也是我们每一位教师要深度思考的问题。

我庆幸，在这个色彩斑斓的社会里，我一直有幸做着和教育有关的事情，而且我庆幸我还在一个有担当和责任的中学做着和教育有关的事情，我也庆幸生活在一个举国重视教育的时代。在种种支持下，我结识了不少值得我去学习的同行，有些是前辈，有些是后浪。我也期待我自己能够始终以一名教育者的身份去从事这份平凡而伟大的职业。

习近平总书记在学校思想政治理论课教师座谈会上特别强调了教师的重要作用：开设好思想政治理论课的关键在教师，关键在发挥教师的积极性、主动性、创造性。思政课教师要给学生心灵埋下真善美的种子，引导学生扣好人生第一粒扣子。

习近平总书记对思政课教师提出了“政治要强、情怀要深、思维要新、视野要广、自律要严、人格要正”的要求，非常切合实际。思政课教师责任重大，不练好自身的本领，恐怕是不行的。

身为教师，尤其是思政课教师，时代对我们提出了更新、更高的要求：必须具有终身奋斗、不轻言放弃的精神，要拥有大视野和大胸怀的气魄。这让我想起了2010届的一批学生，他们只是当时那个年级最普通的学生，不管当初高考后他们去了哪里，他们中的很多人却从未放弃对理想的追求。如今，这个班的多名学生陆续考上了清华、北大、港大的研究生甚至博士生。还记得上半年某学生发给我的微信，她还珍藏着高三时我赠送给他们的心愿香袋。她告诉我，她的心愿就是圆自己一个北大梦，当初她悄悄地把心愿写下来，装进了香袋，没有告诉任何人，是怕没人相信她能做到。今天，她做到了！尽管毕业多年，但这一直是她追求上进的信仰，支撑她不断朝着自己的梦想去努力，并最终达成所愿。

作为他们的思政课老师及班主任，我由衷地感到自豪，所谓“师者，传道授业解惑也”，一日为师，终身为师。倘若我们能够通过一个个课堂、一件件教育小事影响学生的思想，使他们产生强大的精神支撑，坚持正确的价值观，那么，我们就真切落实了思政课教师立德树人的教育任务，这是我们应该感到非常自豪的一件事。倘若我们的学生将来能够成为各个领域坚守平凡抑或伟大的岗位，为社会做出积极贡献的人，我们也真正应该为此感到欣慰。可见，我们的责任是多么重大，既要教书，又要育人。

我担任过两届班主任工作，其余时间皆从事中学思想政治教学工作，担任过备课长、科组长、教学处副主任，具有多年高三备考经验，经历过广东省三次大规模高中教学改革，如今，也正处在新时代的教育转型期。面对新一轮课程改革和高考方案，我又开始了新的学习征程。和很多经历丰富的教师一样，我上过的课已经无法计数，与我有师生情分的人也已经不计其数，我却一直没有机会进行系统的思考和整理。苏霍姆林斯基说：“教育者的个性、思想信念及其精神生活的财富，是一种能激发每个受教育者检点自己、反省自己和控制自己的力量。”

近20年的教育教学生涯，我都经历过怎样的课堂？在自己的、别人的课堂中有什么收获？那些成功的、失败的、久久回味的、印象深刻的或者值得商榷的课堂瞬间，是应该进行一定的反思与总结了。这么多年以来，我在教育这条路上有什么所思所想，有什么经验教训，也都应该好好地总结和反思一下。任何时候，都不能言迟，今天，永远是最早的一天。

2008年是广东省践行又一轮课程改革一段时间后的一年，我作为人民教育出版社特聘的课程改革专家组成员，带着对课程改革后教学实践的一些浅薄的思考在全国诸多省份和城市做了很多场讲座。记得每一次走进会场，下面黑压压的同行都是一脸疑惑的样子。毕竟，那一年，我仅29岁，会场中坐着的很多教师都是当地的骨干教师，大家应该也是抱着一种学习的态度来取经的：到底作为课改先驱的广东，是怎样进行教学实践的？当他们看到我徐徐走进来的时候，略有疑惑是人之常情。我也不知道自己讲得到底算不算好，只知道我是做了充分的准备的，将我们的教学实践和盘托出。那一次到全国各地开讲座，算是我教学生涯中第一次对教学工作进行了阶段性的展示和总结。我记得在湖南郴州的时候，第一场讲座会后，老师们纷纷过来请教和讨论，其中更是有老师邀请我中午和他们学校的同事共进午餐，继续探讨课程改革的背景下该如何上好一节思政课，席间我们交谈甚欢。老师们说，课程改革的号角吹响之后，大家都有一种无所适从的感觉，听说教育局请来了省外的专家指导大家如何上好思政课，都有些期待，后来看到我走进来，心中略感失望，觉得是不是随便请了一个人来完成任务。谁知道两个半小时听下来，觉得受益匪浅，甚至夸我的讲座是他们听过的最受益的讲座。果然，人不可貌相。

我至今依然记得那几位老师说过的话，如今想起来，依然觉得深受鼓舞。我的讲座短板在于理论高度有待提高，但优点就在于，我是一线教师，有丰富的教学实践经验，我和大家分享的是最真实的东西，虽然比较粗糙，但这样的分享更能引起老师们的共鸣。

2020年8月，我受邀前往贵州六盘水为当地骨干教师做高考培训。随着时间的推移，培训内容变了很多，但是教育的核心没变，会后老师们纷纷对我表达了感谢，认为我是真正对思政课教学进行了深度思考的一线教师，满满的干货，对他们的教学实践起到了很好的启发作用。

2018年，10年过去了，我成了广东省政治名师工作室主持人，在这10年里，我又带了5届高三毕业班，送走了一批又一批学生，又经历了一次广东省高考改革。2016年开始，广东省高考全面使用全国卷，从广东卷到全国卷的转变，又是一次对教师任课方式转型的新挑战。已经习惯了广东卷的我，在面临这一转变时，还是有些懵的。经历了2016年一年的上课洗礼，我对全国卷的命题特点已经有了比较清晰的认知。围绕这一改变，我们听了很多其他省份的课，自己的课堂也进行了不断的调整。也正是这几年里，我校的思政课堂不仅围绕高考改革，还开发了好多门各具特色的校本课程，部分课程在全省甚至全国都产生了巨大的影响力，如我们的模拟政协课程，自2015年开设以来，深受学生的喜爱，学生在教师的指引下走出课堂，走进社会，一份份由中学生撰写的提案新鲜出炉。2016年至今，我校模拟政协学子连续四年在全国青少年模拟政协活动中获得“最佳提案”“最佳团队”“最佳风采”“杰出调研报告”等奖项。2016年，我校学子带着最佳提案《关于急救设施与急救教育的推广普及的提案》走进了北京两会并被大会采纳，引起了相关部门的关注。2017年，全国各大机场和高铁等重要交通枢纽开始增设公共场所的急救器械。2018年，我校学子接受了央视采访，模拟政协这门校本课程登上了《两会1+1》栏目，在全国人民的面前展现了省实学子的风采和这门课程的魅力。与此同时，我们还开设了“遇见省实”“生活中的金融”“模拟法庭”“演讲与口才”“科学社会主义”等校本课程，引起了广泛的社会反响。我校学生在2018年8月“中国少年说”全国中学生辩论赛中获得了全国总决赛亚军。

这十年是科组迅速成长的十年，科组诸多教师纷纷成了各领域的领头羊、省级课题的主持人，在各大刊物上发表相关教育教学论文。2018年在广东省教育厅教研室组织的政治科师生成果大赛中，我校获得了多个“省优秀指导教师奖”，斩获三项特等奖，是当年师生获奖数目和奖项最多最重的学校。与此同时，政治科的课受到学生的广泛欢迎，在屡次学校学生评教活动中，都是学生认同度非常高的学科之一。这十年也是我个人迅速成长的十年，我褪去了当年的稚嫩，带着这些年更多的教育教学体会开展了更多的学术讲座。十年又十年，三尺讲台，谆谆教诲，日复一日，年复一年，虽然已经有了丰富的教学经历，但每当新一轮教学开始的时候，我总是觉得自己是一名新教师，一切未知都有待探索；每当我去听其他教师上课的时候，我也总是觉得自己是一名新教师，同行的课和交流总会让我有所收获、有所反思。怎样的思政课才是一节好的思政课？这些年，我一直在思索，一直在学习，从未停止过探索的脚步，却始终明白，只有精益求精的课才是更好的思政课，而永远都没有最好的思政课；也只有不断思考、勇于反思的教师，才是真正在认真做教育的人。在这条道路上，我们始终不能放弃思索与交流。

结合我从教近20年的一些切身的心得体会提笔，不堆砌华丽的文字，但求与同行分享心路，但愿有幸成为读者的您，能够从我的字里行间感受到一位平凡的思政课教师的教育心路，并提出宝贵的意见。与其说这是一本书，不如权当这是一名中学思政课教师的成长日记吧。

目 录

CONTENTS

第一篇
教育教学理念在思索中成长

第二篇
教学管理与教师成长

第三篇
难忘的思政课　记忆中的课堂瞬间

第四篇
思政课堂的反思集

第五篇
教育漫谈随想集

1

第一篇

教育教学理念在思索中成长

作为在高中一线坚守讲台近20年的老教师，我却时时将自己当成年轻人，在教学实践中去思考：做怎样的教师？做怎样的思政课老师？我和学生的关系是怎样的？和同行的关系是怎样的？每个时期都有很多新鲜事发生，也会有很多新状况出现，老教师更应该不放弃思考，这样才能不断攀登教育的新高峰，收获教育的快乐与喜悦，也只有在思索中才能保持一颗年轻的、谦虚的、向上的心，用心去体会教育的美妙。

何为师者？何为思政课教师？

“办好思想政治理论课，最根本的是全面贯彻党的教育方针，解决好培养什么人、怎样培养人、为谁培养人这个根本问题”，要强调“办好思想政治理论课关键在教师，关键在发挥教师的积极性、主动性、创造性”。

记得当初，我前往省实应聘，一起去应聘的系里的同学一行8人。老校长亲自接见了我们，并且问了我们一个共同的问题：“请问你是怎么看待教师这个行业的？”当时教师的地位与待遇都不及如今，我已经不记得其他同学都说过些什么了，只记得我自己脱口而出：“我可以说实话吗？”得到老校长的许可后，我说：“其实我的父亲就是一名中学的语文教师，他在一所很普通的职业学校做老师，遇到过很多非常调皮的学生。以前我们家住一楼，就是那种灶台在过道的筒子楼，在我父亲做班主任的很长一段时间里，我家放在灶台上的锅碗瓢盆经常失踪，然后好几次我都在粪池和垃圾堆里找到了它们。但是这些调皮的学生在毕业以后都对我父亲很好，他们说，进入了社会才真正明白，对自己最好的人除了父母，就是老师。我后来读了师范大学，我父亲挺难受的，因为他一直不太希望我也做老师，这大概就是做一行伤一行，但他一边这么希望着，一边依旧认真地做着老师。我想做老师不求什么丰功伟绩，就做一个认认真真对待教育、真真切切关爱学生、不求回报的老师就够了。”

后来我过五关斩六将终于成了省实的一名政治教师，学校通知我于某日前往校区签约，人事部刘老师又问了我一个问题：“请问，你做了老师以后，对我们单位有什么要求吗？”我一脸茫然，直接摆手说没有要求。刘老师说：“比如薪金、待遇呢？”我依然一脸茫然。刘老师接着给我介绍了我们的薪金水平。那时候，虽然月薪不足2000元，但当我听到这个数字的时候，心里却是非常意外的。我在华南师范大学读的是师范专业，不仅学费全免，国家每个月还给予我们每人126元的补贴；学校的饭堂以物美价廉闻名于大学圈，4元左右就可以吃一顿相当丰盛的午餐或者晚餐。我算是比较贪吃的那类学生，但每月500元生活费已经足矣。刚毕业的时候，我对金钱没有太多的概念，于是，2000元在当时的我的眼里，算是一笔巨款，以至于我一时半会儿不知道该如何才能花掉它。那个时候，薪资待遇对我从事这份职业来说，仿佛成了并不重要和急需去考虑的问题，以至于过了很多年以后，当大家，包括我在内开始关注本身薪金的增减之时，每每想起当初的自己，都由衷地感慨社会的变迁和初为人师的单纯。

如今再来看教师这个职业的时候，我又有了一些新的思考。

首先，我们的职业是教师，这本身是一个职业，是千千万万个职业中的一个，适当了解一下工资待遇也无可厚非，并不是说教师完全不能谈论待遇，但也切不可凡事只谈待遇，掉进钱眼儿里的教师是很难教导出好的学生的。师者，仁爱也。但有一阵子我也比较听不进一种言论：“只有教不好学生的老师，没有教不好的学生。”教师和医生一样，一个职业拯救人类的灵魂，一个职业拯救人类的身体，但终归都不是神。我说这点体会是鉴于我认为为人师者，首先要有健康的体魄和心理。在我所了解的周围，不乏有一些教师或者出于对自己过于强迫的完美要求，或者出于理想与实际不符合的落差感，会对这个职业产生自暴自弃甚至怀疑初衷的情绪，严重者，可能还会陷入抑郁情绪或者产生不同程度的心理疾患。一个自身都不够健康强大的人，又如何去教导学生做国之栋梁呢?

其次，我们的职业是教师，这本身是一个职业，但却是千千万万个职业中一个并不普通的职业。教育大计，教师为本，今天的学生就是未来实现中华民族伟大复兴中国梦的主力军，广大教师就是打造这支中华民族“梦之队”的筑梦人。教师，不仅影响人才培养的质量，还影响着整个社会的风尚以及国家的未来。“好老师要有‘捧着一颗心来，不带半根草去’的奉献精神，自觉坚守精神家园、坚守人格底线，带头弘扬社会主义道德和中华传统美德，以自己的模范行为影响和带动学生。”教师这份职业不但要成就自我，更要成就学生，成就学生的过程也是成就自己的过程，两者密不可分。作为教师，要苦练自己的专业基本功。“苟日新，日日新，又日新”，社会是不断发展变化的，知识也是不断更新换代的。想要做一名好教师，就永远都不能停止学习的步伐，只有不断更新自己的教育教学理念，紧跟时代步伐，踏踏实实做实事，谦恭上进善思考，才能把课上好、把人教好，才能不辱使命、不负众望。

2001年，我初为人师，接手的是高二的几个班，这几个班在高一的时候是一位非常有经验的老师任教的，也就是我们当时的科组长余老师，我的学科师父。我的心情可以说相当忐忑不安。我，一个初出茅庐的小姑娘，实在没有把握能够站在一帮只比自己年少五六岁的青少年面前，从容不迫地把课讲好。自从接到了工作安排后，整个暑假我都没有忘记安排时间给自己充电。那个难忘的暑假，我不仅把高中三年的政治课本都认认真真地看了一遍，做好了相应的笔记，而且把下学期第一周要上的课都提前备好了课。那个时候的条件没有现在好，没有一体机，上课主要依靠的还是教师的板书。因为本人的粉笔字一直都写得不算好，所以，我又买了一块小黑板，在宿舍里练习板书。

一直到今天，我依然有购买教育类书籍的习惯，每个长假期，我也还保持着一个习惯：每天花一点时间给自己充电。我的教育教学理念大概就是在这个实践到认识、认识到实践的过程中不断丰富和发展起来的。一直到今天，我依然觉得自己尚有太多需要学习和充电的地方，所以我也特别珍惜每一个有效充电的机会。越到今天，我越是深刻地认识到作为思政课教师的重要性。思政课教师不仅要讲好学科考试内容，更要播下真善美的种子；不仅要苦练内功，不断提高自己的学科知识素养，更要发自内心地通过教育教学去感染学生、影响学生。只有把家国情怀装在心里的教师，才能真正赢得学生的信赖，才能真正发挥思政课教师的作用。

每年的教师节，我都会收到来自五湖四海的祝福，那一刻的我，感觉是很幸福的，就是那种发自内心的由衷的幸福。当我的学生在前往大学报到之前说“感谢您，让我爱上了政治课，也让我坚定了深度研究马克思主义的信念”的时候，我认为我的教育成就感不是仅仅停留在分数的价值上，而是用我的思政课去感染了学生，深入他们的灵魂和内心，达到了政治认同，这是我作为一名思政课教师感到价值最大的幸福时刻。

何为师生？何为教学相长？

陶行知被称为“爱满天下的人民教育家”，在他的师生观里，他把师生关系看作学校基本的要素之一，他否定当时社会师生之间权威和服从的关系，并严肃批判师生间的“知识贩卖”现象，他认为如果一个人来到学校做教师，只是抱着一种“维持饭碗”的态度，那么这样的教师在上班的时候就会下意识地认为自己在教室里讲课好像是在售卖他们的话，这样的教师是很难建立和谐的师生关系的，也很难培养出真正的人才。

在应该建立怎样的师生观这个问题上，有太多的教育家及前辈提出过各式各样的观点，在我身边的普通教师群体里，也有各种不同的声音。在教育界，赫尔巴特作为传统教育学派的代表人物，坚持认为教育教学要坚持“教师中心论”，也就是说他认为教师应该在教育教学中掌握主动权。这一教育观点具有相当的积极意义，如果我们再深入一点来研究一下他的师生观，会发现他的师生观里有很多值得我们借鉴和学习的地方，学生的主体地位从来都不是对教师的主导地位的否定。“教师中心论”中包含着可贵的思想，教师应该为学生的未来着想，从而来设计整个教学过程。作为教师，应该尊重学生的个性，但一定要积极地引导。赫尔巴特将学生的学习比喻成一艘船，而教师则应该是船上的舵手。对于这个观点，我想长期在一线从事教育教学的各位同行都应该有深刻的体会。

在我的职业生涯里，我经历过多次教育教学改革。记得刚参加工作时，教师满堂讲的教学方式确实是课堂的主要呈现形式。过了几年，掀起了关注学生主体作用的教学理念。那个时候，各地区都为了探索如何更好地在课堂上体现学生的主体作用做了诸多尝试。那是一段艰难探索的历程，各位一线教师为了寻求教师主导和学生主体作用之间的平衡点，付诸了大量的实践。我记得有一阵子特别流行一种课堂模式，具体如下：

第一步，将学生分成若干小组，将一节课的内容分解成几个部分。

第二步，要求学生在课前对分配到的一部分课程知识进行充分的探究。

第三步，一节课40分钟，其中至少30分钟是学生分小组由代表来演示探究的内容。

第四步，教师做总结性发言，一节课结束。

恕我直言，从一开始接触这种新型的课堂模式，我就陷入了深深的怀疑，我不太清楚这种课堂模式的实际效果如何，便产生了以下几个疑问：

第一，教师应该是一个什么样的角色？传递话筒？做一个非专业的主持人？相声节目里的过渡者？这就是主导作用的表现吗？

第二，这样一堂课能不能全面推开，作为一种模式来常规化操作和推广？如果公开课失去了日常教学课程可以借鉴的模式，那意义还剩下哪些？单纯地为了热闹而热闹，为了新颖而新颖吗？

第三，准备一堂这样的课，课前需要学生花多少时间？课堂讲不清楚，课后又将花师生多少时间？课堂40分钟，课前课后多少分钟？教学目标达成率是多少？

以上困惑仅代表我一家之言，但的确是我的困惑。带着这样的困惑，我曾经也采访过一些同行。他们表示，这只是一种体现学生主体作用的思政课新模式的尝试。课前课后花的时间的确不少，但如果还是教师满堂灌，又无法体现课程改革要求体现学生主体地位的要求，如何处理好教师主导和学生主体的关系，这个探索恐怕是长期而艰巨的，稍不留神，又会回到满堂灌的旧模式。

于是，我开始思考，在一节思政课里，教师的主导作用和学生的主体作用究竟应该如何来处理？何为师生？何为教学相长？

有一次，陶行知先生在武汉大学演讲。他走向讲台，不慌不忙地从箱子里拿出一只大公鸡。台下的听众全愣住了，不知陶先生要干什么。陶先生从容不迫地又掏出一把米放在桌上，然后按住公鸡的头，强迫它吃米。可是大公鸡只叫不吃。怎么才能让公鸡吃米呢？他掰开公鸡的嘴，把米硬往鸡的嘴里塞。大公鸡拼命挣扎，还是不肯吃。陶先生轻轻地松开手，把鸡放在桌子上，自己后退了几步，大公鸡自己就开始吃起米来。

这时陶先生开始演讲："我认为，教育就像喂鸡一样。先生强迫学生去学习，把知识硬灌给他，他是不情愿学的。即使学也是食而不化，过不了多久，他还是会把知识还给先生的。但是如果让他自由地学习，充分发挥他的主观能动性，那效果一定好得多！"

这个故事告诉我们，要让学生主动学习，首先要积极地分析学情。例如，沉思型学生的特点是反应慢，但正确率高。这种学生在给出自己的回答前，喜欢把问题考虑周全，评估所有的可能性，他们看重的是解决问题的质量，而不是速度。与此相反，冲动型学生面对问题时总是急于求成，不能全面细致地分析问题的各种可能性，稍加思考就迫切地要表达想法，甚至有时还没弄清问题的要求，就开始对问题进行解答。因此，他们的反应虽快，但正确率往往较低。沉思型与冲动型风格各有优势，教师要客观地看待这种差异，多表扬其好的方面，也要努力培养其缺乏的品质。教师要多鼓励沉思型学生，帮助其提高表达能力和敢于表现的勇气。教师要有意识地训练冲动型学生，培养他们勤于思考、善于分析的好品质。

探究真实的教学，什么才叫真实的教学？只有了解学生的学习特点，并“对症下药”来实施教学，才是真实的教学。真实的教学首先应该是符合学生个性特点的善于寻找学生的优势的教学。每一位学生都有发展的潜质，不同的人在不同的智能方面有不同的发展可能。我们所要做的是给学习受挫的学生以鼓励，为其指明方向。真正的教育应该是把人的潜能转化为外显的能力。

宋朝的著名学者朱熹是个学识渊博的人，他遍注典籍，对经学、史学、文学、乐律以及自然科学均有研究。他在读书方法上特别强调“循序而渐进”。

有的人读书性子急，一打开书就匆忙朝前赶。朱熹批评他们像饿汉走进饭店，看见满桌的大盘小碟，饥不择食，狼吞虎咽，食而不知其味。究竟应该怎样读书呢?朱熹的方法是：“字求其训，句索其旨。未得乎前，则不敢求乎后。未通乎此，则不敢志乎彼。如是，则志定理明，而无疏易凌躐之患矣。”也就是说要一个字一个字地弄明白它们的含义，一句话一句话地搞清楚它们的道理。前面还没搞懂，就不要急着看后面的。这样就不会有疏漏错误了。朱熹说：“学者观书，病在只要向前，不肯退步看。愈向前，愈看得不分晓。不若退步，却看得审。”就是说，读书要扎扎实实，由浅入深，循序渐进，有时还要频频回顾，以暂时的退步求得扎实的学问。

所以教育不能求快，太多激进，违反了教学规律，得不偿失。

从国情来看，我国面临人均资源占有率低，科技、教育、文化相对落后和人口素质急待提高的严峻形势，面临国际综合国力激烈竞争的严峻挑战，过去传统的教育模式已经和现代社会的发展产生了一些新的冲突和矛盾。社会对学校教育也提出了新的要求，学校更要着重培养学生的创造意识和实践能力。追求改革创新是全世界各个国家教育改革的共同趋势，也是实现中华民族伟大复兴和科教兴国基本国策的客观要求。培养出更加适应社会发展需要和健全的下一代，任务非常艰巨，意义也非常重大。这不仅关系到每个家庭，还关系到我国未来的发展、社会的和谐。

在这个大背景下，教育就承担了更重的责任。围绕着如何将学生培养成适应现代社会发展的人这个问题，新的教育改革理念应运而生。于是，关爱学生的思想被提了出来，“愉快教育”“成功教育”“和谐教育”等一批体现新的教育思想的教育模式也出炉了，一些地区还积极开展了区域性素质教育改革实验，并为我们的教育工作提供了重要经验。

当过去的教育弊端被一一指出，新的教育模式、理论被一一提出来之时，面对各种各样的思潮，我在积极投身改革的过程中也对当前教育改革的一些方面做了一些思考。

我的观点是素质教育一定要搞，但是千万不要曲解了素质教育，从一个极端走向另外一个极端。我认为在理解素质教育、新课程改革时，一定要认真领会其中的要领，而不要过于偏驳，以为搞教育教学改革就是把过去的老一套全部推倒，怎么新就怎么搞，甚至走一条完全和老路相反的道路。要真正落实新课程改革的目标，必须处理好以下三大关系。

1. 知识传授与情感认同的关系

《中国教育改革和发展纲要》指出：“中小学要由‘应试教育’转向全面提高国民素质的轨道。”教育改革的一个目标是把学生培养成具有高素质的人才。新的课程标准在原来强调三维目标的基础上增加了学科核心素养目标。

我也从一些课例中看到一些现象，有些课堂成了教师情感宣扬的场所，教师过于追求课堂的情感效果而忽视了课堂内容的传授，没有处理好知识传授与情感认同之间的关系，以至于一堂课下来，学生都不明白到底有什么知识点需要学习。对此，我不免想提出一些疑问，教师是否真正领会了新课程标准的精神呢？学生在任何时候都是需要系统地学习知识的，而其他素质的提高也都应该建立在知识与技能提高的基础上。考试也并不是应试的衍生物，考试本身也是一种竞争能力的体现，也是检验知识的一个重要的量化手段，而对于21世纪的人才来说，是需要这样的素质的，况且，终身教育的流行也需要依靠考试这种方式来推进。作为教师，我们应该做的是将情感教育贯穿知识传授的过程，建设更加科学的考核平台，引导学生在增长知识的过程中不断提高自我的认知能力。对重难点知识的落实依然是课堂的主旨之一。

新课程改革是对旧课程的一个扬弃过程，好的我们要继续保留并完善，不好的、不适应社会发展需要的我们要谨慎地革新，如考试这一块，关键不是考与不考，而是怎么考的问题；知识也不是传不传的问题，而是怎么传授才能实现新课程标准的目标，落实思政课的核心素养的问题。

总之，只有科学地组织课堂和科学地与评判相结合，才能将知识传授与情感认同更好地结合起来，使两者相得益彰、互相促进。

2. 教师角色和学生角色的关系

在教学方面，新的教学观提倡充分发挥学生的积极性、主动性，指导学生学会学习，使学生真正成为学习的主体。让学生主动学习是学习的本质所在。记得在一次教研会议上，我们学习了某个学校的教学改革精神，据说这个学校的教师每节课只讲10分钟内容，其他时间就是让学生自己去看书、做题，与此同时，学校在升学考试中取得了很好的成绩。后来我认真思考了一下这类改革的可操作性，因为在一个具有一线教学经验的工作者看来，这种改革有点不太实际，也有作秀的嫌疑。还有些公开课，全部由学生来组织，教师只是站在一边点点头，说些无关紧要的话，一节课下来，除了热闹，实质的内容是什么，学生都学了些什么，不得而知。科学处理学生主体地位和教师主导地位的关系对于教学的成功非常重要。学生主体地位的体现应该是在教师主导作用发挥的前提下进行的，而不是让教师沦为旁观者。教师具有专门的知识体系、成熟的教学思维，学生的学习在任何情况下都是离不开教师的指导的。教师应该做的是不断充实自己的知识，不断更新自己的教育观念，不断创新自己的教学设计，充分发挥自己的主导作用，在教育的方向引导和重难点知识方面给予学生实质性的帮助，而不是退出教学，做一个旁观者。另外，发挥学生的主体作用教师还要教会他们学习的方向和方法，引导他们主动思考问题，培养他们提出问题和集体解决问题的能力，而不是没有方向地把学生推向盲目学习的角落，这不仅浪费了教学资源，而且也不利于学生对知识的真正掌握。再者，教师不仅要提高引导能力，还要提高解答和总结知识的能力，提高学生的学习效率。

在新课程改革中，学习并没有被弱化，相反被强化了，新课程改革只是将对学习方式的要求由过去的被动式学习转为主动式学习。教师要引导学生提出问题、分析问题和解决问题，要引导学生进行研究性学习、探究性学习。总之要求教师的教学能力必须提高，知识系统必须更新。那种一味地让学生自己去组织学习，而教师却只当了一个旁观者或是学生成了导演和演员，而教师只是观众的教学方式并不符合新课程改革的精神。新课程改革的精神应该通过教师设计课堂环节，寻找辅助素材，设计教学活动，学生充分参与教学活动来落实。

著名教育家陶行知先生指出："我认为好的先生不是教书，不是教学生，乃是教学生学。"教师应该改变自己的教学方法，指导学生拥有科学的学习方法，有打破现状的决心和及时转变角色的信心。教师的角色应由知识的灌输者、讲解者转变为学生学习活动的组织者、参与者。在整个学习过程中，教师要以学生为本，依学定教。传统的教学模式中教师往往讲得过多，为了达到应试目的而使学生的主体探究"胎死腹中"；而在高效课堂的实践中又有教师把课堂完全交给了学生，由学生分小组、分问题，自己去分析解决问题，教师则沦为主持人、旁观者，最后课堂不免流于形式。教师首先要了解学情、分析学情，然后再制订计划。例如，在毕业班任教时，学校安排各学科开设学科培优班。我了解到高三政治培优班由分数靠前而政治相对较弱又自愿加入的学生组成。学生能力较强，但缺乏对政治题目，尤其是材料题的分析与解决能力。归其原因，和他们长期很少接触新闻和社会，一心只读圣贤书，不能把新闻材料转化为政治学科相关原理有关。根据这个情况，我确立了一个教学思想：培优班的目的在于着重提高学生分析解决新闻材料问题的能力。我大胆改变了以往传统的“一份试卷，一次讲评”的培优模式，将自己的角色定义为引导者。

另外，我给学生提出要求，让他们知道自己要做些什么，能做些什么，每个阶段都做到有的放矢、层层推进、有效实施。案例如下：

2015届高三政治培优班计划

（1）每周一次课，时间为一个小时

（2）上课内容为“时事新闻材料的分析与解决”。

（3）上课分以下阶段：

第一阶段：9月到10月共2次，由教师提供最新的新闻材料给学生，当场讨论可以设置怎样的问题以及编排答案。

第二阶段：9月到次年2月，学生每周交一份作业，内容包括：

① 最新新闻一则（内容要求按照材料题的模式进行删减）。

② 自行设置题目（任意模块内容，1~2个不同角度的设问）。

③ 自行编排答案及给分（对接高考的要求）。

第三阶段：一模前，汇总之前所有的优秀成果和同学们共享。

第四阶段：二轮复习期间，由培优班学生带领全体学生参与。

通过这样的计划，学生对于自己要承担的任务一目了然，教师给予学生充分自主学习、探究的机会，同时富有一定的弹性，便于学生自主安排。

如何才能让学生在这样的安排下不偏离教学目标，落实考查目标呢？紧盯教学内容、研究教学目标、了解教学对象是教师必须认真准备的三个重要方面。“不打无准备之仗”，这对于教师的备课能力提出了更高的要求。课前备课必须异常充分，特别是“备学生”要落实到位。教学内容必须符合学生的认知水平，如果不符合，就必须修改，因为这是关系到这样一堂课是否能引起大部分学生兴趣的关键之所在，而学生的学习兴趣正是提高课堂效率的一个重要因素。实践证明，这种高三复习的新模式颇受学生的欢迎，学生踊跃参与，课后的回访学生都表示受益良多，从对培优班学生的成绩追踪来看，效果也是非常良好的。

教师全程参与，参与新闻材料的选取，参与对学生作业的评价与展示，参与设问与答案的编排，参与总结与推广。在课堂实施过程中，随学生的表现来灵活调整，这取决于教师的教学机智。精心设计的教学环节，教师要根据教学内容、学生实际情况，随时进行调整。下面以一个课堂案例来阐释这种教学模式的演绎：

A学生选取并编辑的材料（以2015届学生作业为例）：

材料：1988年4月12日，第七届全国人民代表大会第一次会议通过了《中华人民共和国宪法修正案》，允许私营经济在法律规定的范围内存在和发展。

1993年3月29日，第八届全国人民代表大会第一次会议通过了第三条到第十一条宪法修正案。这次修改的主要内容包括：

（1）序言第七段增加“我国正处在社会主义初级阶段”“根据建设有中国特色社会主义的理论”和“坚持改革开放”。

（2）删去原有的“农村人民公社、农村街道生产合作社”，改为“农村中的家庭联产承包为主的责任制”。

（3）把原来规定的计划经济改为“社会主义市场经济”。

2002年，党的十六大将“依法治国基本方略得到全面落实”提升为“全面建设小康社会的重要目标”。

2004年，“国家尊重和保障人权”被写入宪法。

2011年，中国特色社会主义法律体系已经形成。

2014年，十八届四中全会审议通过了《中共中央关于全面推进依法治国若干重大问题的决定》。

A学生选取的材料的亮点：

（1）紧跟最新的新闻材料，围绕着宪法修订这一重大时事政治而展开。

（2）每一次修改的内容都很复杂，但学生选取的内容都可圈可点，这说明该学生对教材理论的把握比较到位，具有有效筛选材料及编写的能力。

在该课实施的过程中，我是这样操作的：

首先，将有价值的学生作业的材料部分展示出来让所有学生阅读，让大家思考、讨论这样的材料可以从哪些角度设问，每次的讨论都会让学生有耳目一新的感受，学生都能够从自己的理解出发设计出新颖的题目。这个环节对于教师教学驾驭能力的要求非常之高，因为无法预先设计出学生将要提出的问题是什么，必须临时调动所有的知识储备对学生进行有效的指导。如果这个环节教师人云亦云，没有切中要害、令人信服，课堂的效果就会大打折扣。例如，对于这则材料，有学生从政治生活的角度设置了问题：宪法的修订体现了我国政治体制改革的哪些特点？也有学生从哲学生活的角度提出了从认识的特点的角度分析宪法的修订所体现的哲理，以及用矛盾观分析宪法的推进过程等有价值的各种角度、不同切入点的问题。这个时候，教师必须及时给予学生鼓励与肯定，对于相对不靠谱的问题也要及时提出自己的疑问，让大家思考原因并提出改进的意见。

接着，展示该学生设计的题目：

题目：（1）依据《经济生活》中的知识，分析宪法修改内容体现的理论依据。（12分）

（2）依据《生活与哲学》中的知识，分析宪法修订所体现的哲理。（12分）

然后一起分析该学生预设的答案：

（1）①非公有制经济是社会主义市场经济的重要组成部分。国家鼓励、支持、引导非公有制经济发展。（2分）1988年修宪允许私营经济存在、发展，一定程度上消除了非公有制经济发展的体制性障碍。（2分）

② 市场在资源配置中起决定性作用，可以及时、准确、灵活地反映供求关系，通过利益杠杆实现资源配置。（2分）1993年修宪改人民公社与合作社为家庭联产承包责任制，改计划经济为市场经济，充分发挥了市场的优点，调动了农民的生产积极性，促进了经济发展。（2分）

③ 我国坚持“引进来”和“走出去”相结合的战略，坚持提高开放型经济水平。1993年修宪增加“坚持改革开放”体现了这一战略。（2分）

④ 以人为本是科学发展观的核心立场，2002年修宪，增加“全面建设小康社会的重要目标”体现了这一立场。

（2）①认识具有反复性、无限性、上升性。（1分）追求真理是一个永无止境的过程，（1分）要求我们与时俱进、开拓创新，在实践中认识和发现真理，在实践中检验和发展真理。（2分）宪法的多次修改是对社会主义建设的认识不断深入的过程，是认识随着社会主义实践不断发展的过程。（2分）

② 矛盾的普遍性和特殊性相互联结、相互转化，（2分）要求我们在普遍性的指导下分析矛盾的特殊性，做到共性与个性具体的、历史的统一。（2分）中国特色社会主义的提出是马克思主义的普遍原理和中国特定国情相结

合的成果。（1分）社会主义市场经济既有市场经济的共性，又能发挥社会主义的特性。（1分）

对于这个答案，大家普遍的意见是：认为（1）题编排较好，但有一些需要改动的小瑕疵；（2）的设问切入口过大导致答案有点无法把握，一致认为改为小切入口问题会更容易生成，如改成“请从认识的特点的角度分析宪法的修订所体现的哲理”，重新对答案进行设置。

最后，教师让学生一起反思：这则材料的设问以及答案的多角度设置给予我们的启示是什么？该如何更好地设置题目以及答案？今天这堂课大家认为哪位同学的设置是最棒的？等等。课堂起到了非常好的启发作用，学生分析解决材料问题的能力也得到了不同程度的提高。

教师和学生互动，合作在课堂上生成有效的新闻材料及试题答案的编排。在实际操作中，学生可以反驳教师的意见，教师也可以提出自己的疑问，双方在协商一致的基础上产生最佳的试题及答案设置。在这个学习过程中，教师要以学生为本，依学定教，学生可以用自己的心灵去领悟，用自己的观点去判断，用自己的语言去表达，自主发展。要做到这个要求，教师首先要及时转变观念，真正实现从传统课堂到高效课堂的角色转变。例如，在上面提到的案例中，大家最后对答案进行了更加合理的编排，生成了彼此都更能接受的答案，就是教师与学生愉快合作的一种体现。展示有价值的新闻材料，也让更多的学生体会到尽量多地培养自己阅读新闻的习惯是多么重要。只有这样，才有可能寻找到最合适的材料，自己的问题设置也才更容易操作。这在无形间开阔了学生的视野，而教师也通过收集学生的作业开阔了自己的视野。有不少学生寻找到的新闻材料非常有价值，值得教师去认真翻阅研究，学生设置的问题也越来越精彩，值得教师去学习。这就是作为合作者的意义所在。

每个阶段性教学任务结束后，教师都要负责对本阶段的教与学的情况进行有效的分析，帮助学生从成功的案例中收获信心，改进不足，提高分析解决问题的能力。每一堂课就是一个小阶段，教师必须负责帮助学生当堂重新建构有效案例，课后要对其他案例进行有效的批示和回访。计划的每一个阶段完成后，教师都应该对该阶段进行反思与回顾，让学生清楚自己每个阶段的成长，以便更好地开展下个阶段的教学任务。

这种高三政治课的复习模式是一次全新的尝试，也是对于如何落实高效课堂的大胆实验。整个课堂教学过程坚持以学为主，以练为主，以学生的自主学习为主，强调学生的自主学习过程，培养了学生独立完成学习任务的能力，提高了学习的整体效果。学生俨然成了学习探究的主体，而教师却始终都是教学的主导，以点拨启发为主，通过合适的形式使学生完全动起来，积极地参与到学习之中，让这种主动的学习成为自己的一种习惯，真正实现了生生互动、师生互动。

在操作过程中，我也遇到过不少问题，如看似简单的一堂课，实则容量非常大。前期的各种准备、翻阅每一位学生的原创题目、课堂的随机应变、课后的诸多疑问都让我觉得应接不暇，但从目前的回访来看，学生普遍认为受益良多，希望这种模式能够一直坚持下去。从对学生成绩的跟踪来看，学生分析解决问题的能力的确得到了普遍的提高。如何更好地处理师生之间的关系，还需要我们更多地去思考与努力并完善。路漫漫其修远兮，上下探索以求真正落实高效课堂，力求既走出自己的教学特色又能有效提高学生的学习能力，创设真正健康有益的高效课堂模式。

在处理师生关系上，现代教育改革针对过去存在的教师一言堂以及损害学生人格的错误做法提出了一些很有价值的观点，提倡教育工作要为学生营造一个互相关心、互相帮助、生动活泼发展的和谐环境，要对学生全面关心，并通过评价鼓励他们走向成功。这些思想的提出我认为非常有必要，过去确实存在一些教师不尊重学生，而学生处于被动地位的现象，甚至也存在一些教师体罚学生以致学生身心和身体受到伤害的现象，长此以往，必将对学生的发展不利。但是在教育改革轰轰烈烈进行的时候，各地教师体罚学生的负面新闻的曝光一方面使学校民主气氛日益浓厚，另一方面却曲解了新的教育理念的核心，忽视了对学生全面素质的培养，这样下去，对学生将来甚至社会的发展也是弊害不少的。例如，在披露一些教师体罚学生的不好现象的同时，舆论似乎又走向了另一个极端。正所谓隔行如隔山，外界人士不免就会对教师这个群体产生很多误解。与此同时，学校开始制定各种各样的规定。大致归纳起来，教师在对学生的教育方面出现了畏难情绪：当学生犯了错误的时候，该不该批评，该不该惩罚？如何批评，如何惩罚？稍微过一点，是不是就是体罚或者变相体罚？《中共中央国务院关于深化教育改革全面推进素质教育的决定》对此做了最为明确、准确的表述:“实施素质教育就是全面贯彻党的教育方针，以提高国民素质为根本宗旨，以培养学生的创新精神和实践能力为重点，造就‘有理想、有道德、有文化、有纪律’的、德智体美等全面发展的社会主义建设者和接班人。”关于这一点，我认为，学生全面素质的提高不仅包括科学素质，还应该包括负责任素质、道德素质、心理素质等。教师在教育学生的过程中不应该没有原则，而应该引导学生正确对待自己的权利与义务，不但要教会他们如何行使自己的权利，还应该指导他们学会如何履行自己的义务，如何为自己的行为承担应有的责任，而不是妥协与逃避。教师对学生的评价应该坚持正面表扬为主、批评指正为辅的原则，只有这样，才能让学生既看到自己的闪光点，提升学习的信心，又充分认识到自己的不足，更好地完善和提高自己的素质。

另外，教育改革提倡建立一个平等的教育平台，师生之间应该是平等的。这一点提出的本意也是很好的，但是我发现在舆论中出现了这样的一个倾向：作为教师，要爱护学生，但是作为学生还要不要爱老师、尊敬教师？作为教师，要体谅学生，作为学生，要不要也体谅老师呢？尊师重教是中华民族的传统美德，并不是在教师节那天才来做表面文章，而应该深入学生的内心，爱幼也要尊老，教育学生尊敬长者也是我们的责任。同时，对学生进行爱心教育也很重要，爱心教育不是一两节班会、一两句话就可以达到效果的，而应该渗透在学生日常的人际交往中，要教会学生爱同学、爱老师、爱家人等，教会学生宽容，为别人着想，而不是自私自利，这对学生的人格发展非常重要。教师应该引导学生正确处理师生之间存在的矛盾，这样才能建立一个更有利于学生人格健康发展的平台。

作为教育者，不仅要教给学生系统的知识，也应该教会学生作为一个社会角色、一个公民该怎样去正确处理自己的权利与义务之间的关系，增强学生的抗挫能力。这对学生的人格发展，对于祖国的未来是具有非同小可的意义的。

3. 学校教育与社会现实的关系

教育脱离了现实、脱离了社会就只会导致两种后果：一是学生成了温室里长大的花，出了温室，就弱不禁风；二是教育在学生眼里的可信度降低了，达不到教育的目的。作为教师，我们应该引导学生正确地认识社会。对于一些社会问题，我们不应该遮遮掩掩，而应该将它们摆上台面，让学生充分抒发自己的感受。作为教师，在了解了学生的思想动态后，应该客观分析这些问题，并矫正学生一些偏驳的思想，引导学生正确地看待和理解这些问题。

例如，在有关朝鲜要制造核武器这个问题上，有学生认为中国也好，美国也好都不应该去反对，原因是中国、美国都拥有核武器。这个时候我就给学生介绍了核武器的危害以及中国和美国拥有核武器的背景，并且告诉学生目前世界的主题是和平与发展。通过这种介绍，学生明白了为什么一定要反对朝鲜制造核武器。再如，有学生认为诚实守信根本没有可行性，因为目前社会上有太多骗术了。我就借这个例子给学生展示了社会上比较多的一些骗术及不诚信的一些实例，并且教会学生怎样去识破它们并远离它们，但同时我们也讨论了这些骗术带给被害人的痛苦，抒发了自己痛恨它们的心情。通过这种方式，学生既增加了应对这些骗术的方法，又明白了自己不能赞同更不能参与的道理。

总之，作为教师，我们有责任告诉学生一个真实的社会，更有责任引导他们正确地面对各种社会现象，从自己做起，去建设更加美好的社会。我们应该把学校教育和社会现实紧紧地结合起来，这也是社会发展对学校教育的新要求，学校教育要先行一步，进一步面向未来，这样才能为社会和人类未来的发展提供更有力的教育保证。

要真正体现素质教育的要求，就要切实把握住新的课程标准的目标要求，就必须教会学生走进知识、走进社会、走进科学，树立正确的人生观和价值观、知识观和道德观。素质教育必须是真实而有用的教育，我们必须全面把握中共中央、国务院有关素质教育的精神实质，把学生培养成真正能适应时代发展并能挑起现代化建设重担的新人才。思政课教师更应该把“小课堂”与“大社会”有机地结合起来，引导学生观察社会、走进社会、了解社会、评价社会，以更好地学习好这门课程。

三人行，必有我师

7月，我有幸参加了为期9天的假期教师技能培训。在艳阳高照的7月，北京的夏天明艳而炽热，在清华科技园里，我认认真真地倾听了来自北京的诸位名师的讲座，受益匪浅，好几次我都被名师的教育故事和教育感想深深地打动了。做教师，就要做有魅力的教师，有魅力的教师才有能力让教育更有魅力。谨以本文浅谈教师如何让教育更有魅力。

爱因斯坦曾经如此解释什么是相对论，他说："坐在美女身边一小时，感觉像是一分钟，大夏天坐在火炉旁一分钟，感觉像一个小时。"教师的魅力不是绝对的，而是相对的，于学生而言，则更愿意坐在富有魅力的教师的课堂里。有时候，我们埋怨学生不听课，成绩上不去，却很少检讨自己的课堂是否生动有趣，教师本人是否富有魅力。

世间教师千千万万，有人仅仅把教师作为一份谋生的职业，更有甚者将其作为发达的职业。教师这份职业，说平凡也平凡，我从来不认为身为教师就应该将自己定义为蜡烛和春蚕，燃烧自己，照亮别人。我认为最有价值感的魅力教师应该是既成就别人也成就自己的教师。教师是三百六十行中的一行，但又是不平凡的。教师可以成就别人，也可以毁了别人。而学生是未来的希望，是民族的希望，也是我们的希望。身为教师，努力让自己具有魅力，让教育充满魅力，是一种非常有价值的探索。

教育的魅力体现在很多方面，其中离不开教师自身魅力的提升。一位有魅力的教师，不仅能够更好地激活课堂，也能够更好地点燃学生的求知欲，产生更好的教学效果。这是教师职业素养的体现，也是教师愉快教育的途径。

下面，我就从几个方面谈谈教师可以从哪些方面来提升自身的魅力，让教育更有魅力。

一、教师的人格魅力

培训期间，有一位男老师，他叫高辉明，从教30年，其中有28年都担任班主任的工作。德育工作一直是学校的重难点，琐碎、繁杂又闹心，大部分教师但凡连续做了几年班主任工作，都会因为身心俱疲要求暂且歇歇。所以，能28年如一日地承担班主任工作的教师，如果不是因为热爱，根本做不到。

教师的人格魅力首先就表现在爱岗敬业、无私奉献上。

多年的班主任工作让该老师有很多教育案例与我们分享。从这些娓娓道来的教育案例中，我感受到了教师人格魅力的重要性。想起自己从教17年，诸多的教育案例中，最让我难以忘怀的依然是那些真心真意付出爱的教育故事。一个教师的人格魅力体现在他对教育事业的热爱上，没有爱的教育就失去了教育的根本。爱是相互的，教师热爱教育，热爱学生，会深深地感动学生，从而使学生产生无穷的动力。学生所信服的教师，必定是具有人格魅力的教师，一个有人格魅力的教师，不仅更加会吸引学生投入学习，也更加能引导学生树立对社会的信任感和责任感。培训期间，诸位名师以他们几十年的教育经验再一次让我深深地感受到了自身的不足。教师也要教到老、学到老，提升自身的价值，要建立和完善自己的人格魅力，并以这样的魅力去感染和影响学生。

教师的人格魅力还体现为客观公正地对待每个学生。高老师说："生源很重要，但也并非最重要的，优秀的教师也很重要。"能够把优秀的学生培养成北大、清华学子的教师是优秀的，但能够改造后进的学生，甚至改变他们的命运的教师却是更加优秀的。

教师在职业生涯中，难免会遇到各种各样的学生，无论多么难教导的学生，都有一颗肉长的心，更何况，改造一个后进生比促进一个优秀生发展更加艰难，此刻需要的是教师的爱心和耐心。用心去关注学生的身心发展，学会挖掘学生成长的潜力和能力，这样的教师富有魅力，这样的教育富有魅力。

二、教师的语言魅力

培训开始前，我有些担心自己能不能从头坐到尾。毕竟为期9天的培训，上午、下午都有安排，我也担心培训是否能足够吸引我。等到培训结束的那天上午我才发现，自己不仅记了密密麻麻的笔记，而且还在最后那堂培训课上主动回答了老师的两个问题。

除了培训的内容吸引了我，名师的语言魅力也深深地吸引了我。我记得有一位女教师，已经到了古稀之年。退休后的她不仅依然坚持在教学一线，而且浑身上下都是满满的正能量。就是这样一位长者，洋洋洒洒一上午几小时的讲座下来，全场掌声不断、笑声不断。她讲的是经验，说的是道理，我们听得意犹未尽，时间过得很快。

我在名师身上感受到了教师语言魅力的重要性。一个幽默的教师，一个有语言深度的教师，他的课堂怎么会不受学生的欢迎呢？苏霍姆林斯基说过："教师的语言素养在很大程度上决定着学生在课堂上脑力劳动的效率。"有幽默感的教学能够更好地吸引学生的注意力，使学生感到身心愉悦。而幽默感的培养，来自教师博览群书的积累和教师自信心散发的魅力。幽默不等于低俗，是有文化、有内涵的幽默。我非常佩服这样的教师，虽然年事已高，但语言和思想却让人感到年轻和与时俱进。有幽默感的教师才能传播自身的正能量。幽默的教师是睿智的教师，既可以创设风趣的课堂，又可以驱赶自身的疲劳。这样的教师永远不会老去，永远不会因为隔阂和代沟让学生厌倦，她可以一直开开心心地站在讲台上，真正把教育当成一生的事业和信仰。

三、教师的学识魅力

学高为师，身正为范。一名有魅力的教师必须有渊博的知识和扎实的基本功。作为教师，只有树立终身学习的决心，不断提高自身的专业素质，才有可能成为有魅力的教师。信息时代，教师必须与时俱进，不断学习，不断创新，不仅成为本专业的学术权威，还应具备多方面的知识储备，才可能真正做到“传道授业解惑也”。

培训期间，有一位数学老师，他不仅在科目教学上是一把好手，而且面对学生文绉绉的疑问，能够以其深厚的文学功底给予巧妙的回答。无论是现代文还是文言文，其文学功底令人折服。这让我想起我身边很多德才兼备的老师：地理老师根据自己的旅行日记给学生讲述世界的美好；政治老师擅长历史，古今中外的例子，信手拈来；物理老师运用魔术给学生展示实验；等等。可见，如今的社会，已经对教师提出了多元化的要求。只会教教材的教师已经过时了，时代对我们提出了更多更高的要求。教师的学识魅力能够让最捣蛋的学生也产生佩服之感。我们不一定要精通各种知识，但却要以一颗求知之心去不断学习和充实自己的学识。只有让学生感受到我们知识的渊博，才能激发其努力学习的极大动力，这样的课堂才是智慧而有趣的课堂。

颜渊曾经称赞其老师孔子，他说：“夫子循循然善诱人，博我以文，约我以礼，欲罢不能。”如果身为教师，总是不安于自己的现状，一边不断提高自身的专业素养，一边不断培养自己的兴趣爱好，想不吸引学生都难。

四、教师的仪态魅力

教师应该是非常注重自身仪态的职业。有时候，我们关注了课堂本身，却忽视了自己的言传身教。教师的仪态包括其言行，包括其着装。

教师是知识分子的代表，又是青少年三观形成的影响者，这样的身份要求我们尤其注重自身的仪态魅力。

1. 要有时间观念

最简单的要求，上课、开会等各种公开活动要准时，宁可早到，不能迟到。试想，一个教师总是迟到早退，会给学生造成怎样的影响？这样的教师不仅在学生中难以树立威望，也很容易让部分学生变得拖拉，没有时间观念。教师以身作则，才会对学生产生积极的影响并且获得学生的尊重。

2. 要注意语言使用的场合

教师要坚持政治正确、道路正确、语言正确，切不可不顾影响在学生中间肆意传播和表达个人的一己之言，尤其不能散播反人类、反社会、反科学的言语和各种负能量，也不能在学校范围内散播自身理解的宗教信仰等。这些看似简单的道理，现实中却还是有教师并不明白，结果造成了很不好的影响。身为教师，要明白自身职业的特殊性，正确理解言论自由的含义，做好学生的积极引导者。

3. 要注重自身的仪容仪表

教师不是苦行僧，要舍得给自己购置几身得体的行装。尤其在正式的场合，一套得体的行装会无形中提升自身的自信心，有自信心的教师才能更让学生信服，也才能更加让学生佩服和欣赏。教师的着装不能过于暴露，也不宜过于简陋。在我看来，男教师上课的时候，衬衣、西裤、皮鞋是最帅的搭配，T恤、牛仔、休闲鞋也不错，一上台，给人神清气爽的感觉。女教师也要学会知性优雅地装扮，让人赏心悦目的教师才能带来赏心悦目的课堂，才谈得上赏心悦目的教育。

这一切结合在一起，都是教师的魅力所在，也是创造魅力教育的要求所在，也是我们要上下求索不能轻言放弃的东西。只有自身有魅力的教师才能创造有魅力的教育。“振兴民族的希望在教育，振兴教育的希望在教师。”与君共勉，共同提高，不断创新，勇攀高峰，终有一天，我们会体会到教师就是太阳底下最光辉的职业。

诲人不倦　换位思考

凡事既有其长，也有其短，对于一个特定的对象，它的特点是客观的，不以人的意志为转移的。但如果你从不同的角度、用不同的眼光来看待某一事物，你得到的感受是不同的，同时，你的行为、心情也会有很大的不同。作为一个教育者，学会用移情的方式、换位的角度来思考我们教育中所遇到的问题，学会寻找一分为二的正确的切割点，那么，我们不仅能客观地认识存在的问题，更能充满希望和斗志地去解决问题。

一、教师是“身份”还是“角色”？

移情的第一个体会就是如何理解“教师”这两个字的含义。教师是身份和角色的矛盾统一体，如果你认为教师首先是个身份，其次才是角色，那么很可能你会把自己的位置主观抬高，融不进学生的心灵，很可能会影响你对这份职业的感情；相反，如果你认为教师首先是角色，其次才是身份，那么很可能你会用心去对待这份职业，用无怨无悔的行动去实现你的价值，真正成为著名教育学者陶行知先生所说的那个“捧着一颗心来，不带一根草走”的人。当你和学生发生了矛盾和冲突的时候，如果你认为教师首先是角色，那么你一定会舍得放下你的面子，去换位思考，而很多问题也就很可能会得到妥善的解决；如果你认为教师首先是一个身份，那么我想你也很可能因为放不下一时的面子，而使得师生的关系恶化，问题难以解决。

班级换位是件很平常的事情，但我曾经遇到这样一件事情：那一次，我按照平时的习惯事先排好了座位，当我宣布结果的时候，一个平时个性很强的女生夺门而出，当时的场面真的很尴尬，一时间我火气直冒。不一会儿，她回来了，当着全班的面对我吼道："我知道你是老师，我得服从你的决定，但是请允许我回家，我不想再看到你了！"说完就大哭了起来。说实话，当时有五十几双眼睛盯着我，而我也有理由批评她，因为这实在太出乎我的意料了，而且莫名其妙。但当时，不知道是什么力量让我放下了自己的面子，拉着她让她留下来和我谈谈。她明显很抗拒，但我坚持一路跟着她，好说歹说，最后她终于同意和我谈谈。原来她认为我没有征求她的意见就把她和一个平时和她关系最差的同学安排成了同桌，她当时接受不了，就有了上面事情的发生。通过沟通，这个女生认识到了自己的态度是不正确的，当天晚上就主动给我打电话，并表明了她的歉意。后来我通过努力也解决了这两个学生之间的矛盾，这件事情在学生中间也引起了很大的反响。再想想这件事情，如果当时我放不下做老师的面子而用简单的方法解决，那后果真的不知道会怎样！这件事让我体会到了移情的妙用，以后做很多事情我都会"走下讲台，坐在学生的座位上"思考处理的方式。

在日常的教学中，我会一遍遍地提醒自己，作为教师首先一定要扮演好我的角色。教师是一个什么样的角色？教书育人，学高为师，身正为范。只有时时记着教师是自己的角色而不是自己的身份，才能不断地对自己提出更高的要求，也才能在任何复杂的场合都能保持自己应该有的姿态。只有深知这样的道理，才能不断提高自己的教育教学水平，也才能使自己在教育中体会到成功的快乐！

二、我们需要的是惯性思维还是逆向思维?

移情的第二个体会是要学会用逆向思维去思考教育中所遇到的问题。通常解决问题的办法绝对不止一个，而我们的惯性思维又往往会将自己的解决办法锁定在一个方向。对付一般的问题，这种思维习惯能让我们解决问题的时候省下不少力气，但是如果对付所有问题都有这样的习惯，那无疑是消极的，也必然是不成功的。一些看起来简单而同样的问题在不同背景和人物的条件下解决它们的方法却往往是大相径庭的。这个时候我们就更要学会换一种眼光来看待我们所遇到的问题。例如，当我们在教育的过程中遇到了困难时，我们是消极地面对已经出现的问题，自暴自弃，从而产生对这一职业的怀疑，还是积极面对，找到解决问题的突破口，重拾对教育工作的信心？逆向思维在教育工作中尤其是当遇到困难的时候非常重要。

我曾经遇到过一个学生，这个学生非常顽固不化，行为习惯很难符合学校的要求，学习上也没有什么动力，唯一的爱好似乎就是打球。做该学生的班主任的时候，我不止一次对该学生的违纪行为进行批评，但收效甚微，没有什么大的改变。这实在让我寒心，我感到教育的无力和可笑，对班主任工作也充满了害怕和反感，这样的状态让我在那段时间过得相当消极。但是有一次，当我发现他再次迟到之后，我有两种心态：一种是不管他了，而另外一种是我再试试吧！这一次，我没有再反复强调他的迟到给班集体造成的种种恶劣影响，而是换了一种口气讲良好的行为习惯对他个人成长的影响，并关切地说："老师是多么希望你将来能成为一个顶天立地的真正的男子汉啊。"想不到的是这次谈话之后，这个学生的精神面貌竟然好了很多，每次见到我都会很主动地打招呼。一次，他在周记里写出了这样的话："……那天我又迟到了，老师又把我叫了出去，我原本以为她又会教育我如何如何影响了集体，但我真没有想到，她关心的却是我以后的人生道路，后来我哭了，不是因为委屈，而是因为觉得很对不起老师的一番苦心……”看到这些，我的鼻子也很酸，为学生而感动，也为自己而愧疚。这一次的事件使我懂得了一个道理：时时学会换角度、换方向去思考解决问题的办法，很多事情都能拨开乌云见蓝天！在教育的路上，没有包治百病的灵药，只有我们时刻懂得换角度去思考问题，才会使教育真正有用！

三、我们爱的对象是有选择的还是没有选择的?

移情的第三个体会是要学会用平等的眼光来看待学生。作为教师，我们会遇到各种各样的学生，而我们也会很喜欢各方面优秀特别是学习比较好的学生，而对于那些成绩不好的学生却往往带有偏见。这又是我们的一个惯性思维，这个时候如果想让教育工作变得美妙，就更需要我们换角度来思考问题。

一位哲学人说过一番耐人寻味的话：“天空收容每一片云彩，不论其美丑，故天空广阔无比；高山收容每一块岩石，不论其大小，故高山雄伟壮观；大海收容每一朵浪花，不论其清浊，故大海浩瀚无比。”这句话给了我很多启示，这个世界之所以如此广袤无垠，也是因为有了各种各样的人和事，而我们的教学生涯之所以充满了酸甜苦辣，那也是因为有了很多不相同的学生。作为一个教师，如果能有这样宽容的心态，能有这样积极的心态，那还有什么能让我们灰心丧气呢？郭沫若说：“春天没有花，人生没有爱，那还成个什么世界？”是啊，爱学生同时也是在教会学生爱人，如果连学生都不爱，那还凭什么要求学生去爱别人呢？所以在日常的教学中，我对每一个学生都充满了发自内心的爱。有学生生病了，我会第一时间去慰问，放学了也会打电话安慰；有学生因为成绩不理想而意志消沉，我也会递上我对他的信心和鼓励；有学生生活比较困难，我会默默地尽我最大的能力去帮助和关心他。我努力呵护着学生的脆弱，从小事做起，从最平凡的事情做起。而爱也是相互的，当学生在春天的时候写下卡片，提醒我要注意身体的时候，当学生在秋天的时候留几片枫叶在我办公桌上，提醒我天气转凉的时候，当学生轻轻地问候与鼓励我的时候，当学生给我掌声和一封封信件的时候，我都觉得自己是世界上最幸福的人。因为，爱是相互的，爱是有灵性的，我们在爱护学生的同时也教会了学生如何去爱。所谓身体力行，做好表范，教师在积极主动地爱学生的同时不也就是在教育学生爱他人吗？

当有学生的学习成绩总是上不去的时候，你是否着急和失望过？如果有，那也很正常，那你有没有把对他的这种感觉非常直白而绝望地告诉过他？如果还没有，那你和这个学生都很幸运。陶行知的名言你或许听过很多，还记得这句吗？“你的教鞭下有瓦特，你的冷眼里有牛顿，你的讥笑中有爱迪生。你别忙着把他们赶跑。你可不要等到坐火轮、点电灯、学微积分，才认识他们是你当年的小学生。”这句话对我的影响很深，所以在教学上，对于成绩不是很好的学生，我能够做到一碗水端平，我并不会仅仅因为一个学生的成绩好就认为他是个好学生，也不会因为一个学生成绩不好而戴着有色眼镜去看他。请不要只是把眼光放在暂时不好的成绩上，因为鼓励和信任是对学习上的后进生最好的帮助，帮助他们形成良好的习惯来使他们超越自己就是最好的教育。甚至我们完全可以这样想：学习不好的学生真的就是不聪明的孩子吗？你有没有发现他有其他的一些优点和特长？你有没有帮助他通过自己的长处而找到他自己存在的价值？我曾经起用过不少学生担任班干部，其中不少人都不是传统意义上的所谓的好学生，但他们做得非常认真，也因此找到了自己的价值。没有人天生就是美玉，任何一块价值连城的玉都是有精湛手艺的师傅精心雕琢而成的。试问过自己吗？你是不是那个匠心独具的师傅？用你的真心和爱心、细心和用心勇于、敢于换角度思维，你的教育工作的成功率就一定会有所提高。

四、看待本职工作是积极的还是消极的?

移情的第四个体会是对待我们本身的工作。在教学生涯中，我们难免会遇到种种让人受到打击的事情。你也许遇到过这样的学生：你对他百般爱护、谆谆教导，而他却并不领情，一意孤行，甚至对你出言不逊、有失礼貌，这个时候的你是一种什么样的心情？我遇到过，而且不止一次，第一次我非常伤心，甚至对教师这条道路的选择产生了怀疑，第二次我也非常伤心，甚至流泪，第三次……还是回到我们的主题——换个审视的角度！第一次，有很多学生洞察到了我失意的心情，纷纷给我写信，给予我种种鼓励，也有学生在鼓励中对我提出了一些善意的建议，教会我如何从学生的角度去看待同一个问题。通过这些事情，我获得的多还是失去的多，这是一个很简单的问题，但是可惜的就是我们往往容易陷入一种惯性思维，忽略很多收获，而只关注当时受到的委屈，钻进一个很小的圈里，这样是很容易失去正确的方向的。当有学生伤害了你的热情和感情的时候，多想想你付出以后得到的东西，最重要的一点是还要一直坚持你对所有学生的关怀和责任，这样你才不会因为一两件小事情而失去了对教育事业的信心，也才不会失去更多学生对你爱的回报，才有可能最终得到当时伤害了你的学生的信任！相反，如果你只沉迷于被一两个学生不理解而痛苦的旋涡里，那你很有可能将因此看不到更有价值的东西，而你和这个学生之间的问题也永远不可能得到解决。在教育的过程中教师也不要自我期待太高，不要一味地去追求完美，过高的期待会让人觉得自己离目标很远，从而产生挫败感，失去对人、对事的热情和信心。多看看自己的成功之处，多找找教育过程中令人快乐的事，从这样的角度来看问题，才会使自己的教育过程成为一首优美的诗歌，也才能激发自己以最大的热情投入教育工作。

总之，试试用移情的方式去审视你的工作吧，这样的思维方式一定会帮助你学会欣赏自己的学生，乐于面对自己的工作和环境。用一颗心去付出，必将收获工作的乐趣与成功！把自己的心胸放得更广阔一些，站在更高的高度去瞭望，高处的空气是清新的，视野也是广阔的。试一试，从这样的角度去看问题，教育就一定会美不胜收！

穿越属于自己的玉米地

——引导学生寻找合适的学习方法

有一个很好的寓言故事——《穿越玉米地》。这本小册子讲述了四位主人公——速速、老安、小效和“我”一起在穿越玉米地的经历中体验、思考、抉择、成长。玉米地，果实累累，同时又隐藏着无数大大小小的陷阱。穿越玉米地，要比别人更快，手里要有更多的玉米，而且要时刻保证自己的安全，这是玉米地游戏的三个生存要素：速度、效益和安全。

通过四位主人公在玉米地中不同的表现，作者想告诉大家：世界上其实并不存在最佳方案或模式，很多时候，解决问题的办法有很多种，而真理与谬误又往往并肩而立。所谓“条条大路通罗马”，你要努力寻找的不应该是别人成功的经验，而是某时某刻最适合你的那一个方案。

别人的经验固然可贵，但却不一定适合每一个人，遇到任何问题的时候我们都应该坚持具体问题具体分析，而不应该把一种学习模式盖在每一个不同的学生的头上。我们强调教学要分层次进行，却常常忽视了在引导学生掌握学习方法的同时，也要把安全放在重要的位置。别人的经验可以借鉴，但却不能依葫芦画瓢。帮助学生找到属于自己的学习方式，才是最可贵、最不容易的事情，才能以最快的速度实现最大的效益。

在日常的教学中，我们会发现有很多不同类型的学生。学生确实存在智力水平和已有基础的差异，我们不能要求各类学生都去学习尖子生的方法，而应该对不同层次的学生加以引导。如果我们做到了这些，那我想让学生体验到进步的乐趣就不是一件特别困难的事情了。

现在市面上有各种各样的有关学习方法的书籍，而无一例外都是某些名牌大学的高考状元的经验之谈。这些书我大都看过，不可否认，里面所介绍的方法确实有很多是值得我们借鉴的，共性是我们所要借鉴的，但个性却是需要我们一线教师去发现的，并不是所有的方法都适合每一个学生。站在高端的优秀生很难理解作为一个一般学生甚至是后进生学习的苦恼。而且就算都是优秀生，由于个体的差异，方法也不相同，不能完全照搬照抄。

一、对待成绩优秀的学生也要仔细分析

袁同学是班上响当当的人物，原因有二：一是他的成绩在班里数一数二；二是他除了学习什么也不关心，把成绩看得太重。这种类型的学生并不止他一个，只不过他是比较有代表性的。对于这样的学生，如果引导得好，不仅能够使其更全面地发展，也能对其他学生产生积极的影响。在某次重要的考试后，袁同学取得了班级第一名的好成绩。我首先找他单独谈了话，充分表扬了他所取得的成绩，但同时我又通过列举一些我所熟悉的人的例子来向他展现了一个比较真实的社会，告诉他当今社会需要的人才是什么样的，大家欢迎的人又是什么样的，等等。他很困惑，说："阳老师，你说这个跟我有什么关系？"我接着说："你想成为一个什么样的人？""那当然是各方面都优秀的人了！""那么好，你认为我刚才说的那些和你的目标有没有一点关系呢？"袁同学陷入了沉默。我趁热打铁："没有反思过成绩那么好

却总没有被评过三好学生的原因吗？”“那是同学们对我的偏见！”“那同学怎么没有对其他成绩和你一样优秀的人有偏见呢？”袁同学再次陷入了沉默。“相不相信，只要你肯做一点点改变就能改变这些状况？”袁同学不说话，但眼里有一丝亮光。于是，我将他平日里一些做得不太好的地方搬了出来，并引导他发挥自己学习好的特长主动帮助身边的同学，从小事做起，彻底改变尴尬的现状。这次谈话过后，我知道他心里起了涟漪，但是苦于无从下手，所以平时我都会看似不经意地点拨他一下。经过一个学期的努力，这种教育收到了两个效果：一是该学生性格活泼了很多，也逐渐改掉了自己的毛病，他的成绩依然傲视群雄，但是很多同学已经改变了对他的看法，他也终于第一次当选了三好学生！他变得比过去快乐多了，这样的心情当然也促使他的学习不断进步，在年级里的排名一直在向前迈进。二是很多学生也改变了对他“一心只读圣贤书，两耳不闻窗外事”的看法，肯定和接受了他的变化。

在这个事例里面，我一方面对袁同学本身进行教育，并没有因为他成绩十分优秀就全盘肯定他，而是在肯定他的同时指出他的不足，鼓励他全面发展；另一方面也对班里其他学生进行教育，我充分运用了榜样的力量（因为袁同学是一个很引人注目的人），从一个侧面教育了其他学生，用比较“节约”的方法、比较快的速度实现了比较大的效益。

刘同学等几位也是班里的尖子生，但他们平时的学习是不同的，如刘同学说他每天晚上9点就睡觉了，因为功课实在是太简单了，没有一点挑战性。那我就肯定他的想法，鼓励他在功课之余多读点课外书，多找点自己感兴趣的事情做做，多做点考验自己能力的题目。在平时的教学中，我也允许他们只要是能保证自己某科次次考多少名左右就能在一段时间内免写该科目的作业，以便于他们有更多的时间去钻研对自己有拔高作用的题目。如果这些学生来问我问题，我会让他们先谈谈自己的看法，然后再通过一些设问来提供一些该题目思考的线索鼓励他们多思考：最好不用我说出答案就能明白过来。这样一来，他们大受鼓舞，尤其没有料到的就是我居然同意他们不做某些科目的作业（当然这个我是和各个任课老师沟通过的）。总的来说，他们无论是在成绩方面，还是在个人能力方面都得到了很大的提高，不仅能搞好常规的学习，还有很多学生在各个科目上拿到了全市、全省、全国的奖项。他们中的两个学生还作为广东省的代表到英国去做了为期一周到两个月的访问，被很多报纸报道过。当然，也会有学生有退后的经历，那么，恢复作业是难免的，我也会及时做他们的思想工作，鼓励他们正视困难、正视竞争！

在这个事例里面，我给尖子生开了一点“小灶”，这个“小灶”不是给他们补习功课，而是鼓励他们发现自己、思考自己，敢于打破常规，敢于走在大家的前面。事实上，我必须承认，这些学生是有很多过人之处的，他们有时提出的问题让我也觉得很棘手，这又从一个侧面鞭策我不断地充实自己，只有提高自己才能更好地教育学生。

林同学也是一个成绩优秀的学生，她的特点就是非常勤奋，非常好问，做什么都很认真，要说聪明，还真的算不上，但是她的成绩也足以让很多同学汗颜。对于这类学生，我就是不断地给予鼓励，他们有一点进步我都不会忘记，如果退步了，我还是鼓励！通过这样不厌其烦地鼓励，林同学等人信心大增，成绩稳中有升。我还经常让他们给全班学生介绍学习的经验，一方面增强他们的信心，另一方面也使全班大多数学生受益。

在这个事例里面，我主要是抓住了学生的特点，不断强化他们的自信心，让他们感觉到他们是最棒的，从而带动其学习的劲头。而且，我知道他们的学习大多没有什么捷径可言，他们的方法也大多可以推而广之，适合班里的大部分学生，所以，他们的学习方法、学习经验也就成了全班学生学习的宝贵财富，这对于拉动全班的学习起到了重要的作用。

二、对待后进生也要区别对待

伍同学成绩不太好，经常迟到，还特别爱在自习课说话，经常遭到同学的投诉，但是这个学生心地善良，思想单纯，脑袋可不笨。在第一学期末，我问他："你说这次德育评定，你该评个什么呢？"他抓抓头不说话。"不说话是什么意思呢？"他不好意思了："肯定不是优了。"我笑了："要我说啊，还真该给个优！"他诧异。"因为我觉得一来你从不旷课，二来也积极劳动，三来天真活泼。"他笑了。"但我真给你优吧，同学们也不通过呀！"他沉默了。"能说说原因吗？"我问。"阳老师，我知道我的毛病，就是爱说话，但很难改啊！""呵呵，改掉这个毛病你受益可就大了！"于是我从很多方面谈了我的看法，如不说废话了就有时间思考了，不说废话了就有精力去学习了，不说废话了同学们就不投诉了，不说废话了别说德育评优，就是三好学生也不是不可能的！我还教了他一些具体的防止说废话的方法。谈话之后，该学生有了明显的改变，当然在平时的工作中，我也没少反复提醒和帮助他。说出来你别不相信，他后来还真当过三好学生，并以很不错的成绩考上了重点大学。

在这个事例里面，我给予伍同学的是肯定，并为他设定了更好的自我形象，让他感觉到现在的表现不是真实的自己，自己应该努力做回真实的自己，从而保证了他的"安全"。给学生指点正确的学习道路，让他们相信老师确实是对他认真分析总结后才给予了正确的评价的，不是开玩笑的，那么他们一定会有所改变。

张同学等代表了最大层面的后进生，成绩不好，也不属于聪明的那种，最多也就是有一些小聪明，最要命的是特别不喜欢学习。对于这些学生，教师可是最头疼的了，因为改造起来还真的不容易。但是作为一个教育者，一定不能自己先泄气了，一定要有一个信念：只要善于发现、善于揣摩，总有一个合适的时机让自己为这些学生提供一些合适的帮助，帮助他们思考什么样的道路才是适合自己的。例如，校运会过后，我在全班表扬了张同学，因为他参加了投篮运动并获得了校第二名，我感谢他为班级做出的贡献并且说了一句很重要的话："我以前真是没有观赏过他打篮球的英姿啊，这真是个遗憾，那么敏捷而漂亮的动作，换作我一定做不出来，主要是水平差太远了。能做出那样动作的人脑袋一定好用，我以后一定要多留心观察了，说不定还有更让我惭愧的事情呢。"放学过后，张同学来办公室找我，这可是第一次，以前都是我找他，他很正经地问我："老师，你今天在班里说的那些话是真的吗？"我也很正经地说："你相信你自己吗？""说实话，真的不相信。""为什么？"他想了想，和我认真地说起了自己上了高中后的感受，说起自己是择校生，也想过努力学习，但是根本就学不好，所以从高一开始就是在混日子，想着以后混着混着就毕业了，反正家里也有能力供自己出国。听完他长长的诉说之后，我和他谈了很多，主要是围绕让他学会自己掌握自己的命运，让他为自己喝彩一回。这之后，我当然还做了很多工作，但是我不会忘记在他有一点点进步的时候就给予鼓励，哪怕是夸张的，也不会忘记在他有一点点懈怠的时候就给他提醒，我要让他相信"做好自己，和自己比，每一天都比昨天好就是成功"。这也是我一直以来教给学生的一个信念，我要让所有遭遇挫折的学生都明白：超过别人也许不太可能，因为无论你在哪个地方，都会有比你更出色的人，但是超越昨天的自己却是一件容易的事情，因为要做到这个只是需要你给自己提出更高的要求并付出更多的努力。我经常和考了最后一名的学生说："不要盲目伤心，假设全班都很努力了，如果一定要排出名次的话，那也一定还是会有最后一名，关键是看这次的成绩值不值得你伤心，如果你自问努力过了，自问没有任何懈怠了，自问和自己比还是进步了，那么老师要祝贺你，这次不值得你伤心，你应该感到高兴，感到鼓舞！如果你自己反问自己真的做够了吗，真的用心了吗，得到的是否定的答案，那么你就伤心吧，痛快地哭一场吧！老师要批评自己，因为没有监督好你。伤心过了就努力去吧！这是防止你下次再次伤心的唯一办法！”

在这个事例里，我最主要的是让这些学生树立起对自己的信心，让他们即使是在失败了的情况下仍然能不断地给自己机会。因为我知道他们最怕的就是好不容易鼓起的勇气又被失败消磨掉了。但是他们底子比较薄弱，一时间要追上来还真是不容易，所以他们害怕的事情经常会发生。怎么办呢？鼓励他们多找自己的闪光点，和别人比压力太大，那就先和自己比，帮助他们找到适合自己的方法和目标，帮助他们先树立学习的信心，这样才能真正帮助他们！

杨同学等是非常用功的学生，但是成绩一直没有起色。说实话，每当我看到他整整齐齐的笔记、干净利落的作业和课后全心全意学习的身影的时候，我都会喉咙发涩，因为我在感动，我也在向他学习！但是每当看到他不尽如人意的成绩时，我又会暗暗叹息，有好几次我甚至发出了吼声：“这太不公平了！该怎么办呢？”当然我知道我的这些情绪不能在他们面前暴露出来。这些学生，说真的，除了学习成绩不太好以外，什么都好！对于他们，千万要细心、用心和耐心！因为他们脆弱，没有安全感，他们从来没有想过要放弃，但是却总也找不到突破口。所以，作为教育者，要更多地去了解他们，了解他们的学习状况、学习方法、学习途径、学习心理等，要给他们提供更具体的方法指导，甚至详细到任何一道小题，还要更多地去关心他们，关心他们的心情，关心他们的起伏，要为他们提供更多的关注和鼓励，要让他们始终觉得老师就是他们强大的后盾，老师不会嫌弃他们，他们的努力老师都看在眼里并感同身受。教师不仅要教给他们学习的方法，还要培养他们坚强的心理品质，要让他们相信丑小鸭变天鹅不仅仅是在童话中才有的，要搜集身边所有可能的例子向他们证实。这些例子就是促使他们相信自己的有力武器！

三、不要忘记了中等生

其实在一个班里，最多的就是处处都是中等的学生，他们没有尖子生那样吸引人的眼球，也不像所谓的后进生那样成为“工作的重点”。他们是最容易被我们忽视的人，但是，请多点关注和分析吧，他们中的一些人说不定就是明天的尖子生，有些人说不定也会成为所谓的后进生。我们确实不可能面面俱到，但是我们不能不了解班里的学生，每一个学生都有他的故事，如果有可能，请尽量去倾听。对于他们，你没有必要老是找其谈心，你的关心可以不露痕迹。例如，你可以在某天遇到某个学生的时候，轻轻地问候一下。你可以在批改他们的作业的时候写上一些和作业本身无关但是和这个学生有关的一些话。你可以鼓励，也可以批评，当然一定要具体问题具体分析，不要给所有人都写一样的东西，因为你别忘了，他们之间可能会传看。你不一样的点评才能让这个学生感受到他的“特殊性”。因为老师无时无刻不在观察着他、关心着他。你要相信，他一定会被触动的，这就是他会去主动思考的时候了。你不要动不动就让他向某某人学习，做所有这些的前提是你要先找到他值得别人学习的地方，而且你要了解他需要学到些什么以及想学到些什么。

有一个人说过一句话对我影响很深，他说：“好的老师是用一千种方法去教一个学生，而差的老师是用一种方法去教一千个学生。”每一个学生都是一个不同的个体，了解了他们的特点才能真正做到因材施教。用不同的方法带领学生穿越学习的玉米地，善于观察，勇于思考，你一定也会在学生的成长中收获自己为师者的成就感。

2

第二篇

教学管理与教师成长

对于教师而言，把课上好，是评价教师工作的一个重要维度，但并不是唯一的维度，教师的专业成长包括上课、育人、科研、管理等多个维度，教师的成长和学生的成长相辅相成。2017年，我担任了省名师工作室主持人，又担任了学校的教学处副主任等职务，从此，教师的专业成长便成了我潜心思考的另一个问题。在本篇章中，我将自己的一些经历和思考整理出来，但愿能够起到抛砖引玉的作用，共同推动教师专业成长走向更高的高度。

不以规矩，无以方圆

——教学管理之我思

教学工作是学校一切工作的中心，教学管理则是学校管理的核心。教学质量是学校的立校之本。有序的教学管理是教师成长的良好平台。

一、健全教学管理机构

教学工作要正常运转，必须建立有效的教学管理机构，明确机构的职能，做到既各司其职，又有商有量。就目前常见的教学管理机构而言，基本是校长—分管教学副校长—教学处各主任—学科教研组长（年级组长）—备课长—教师个人这样的基本架构。

总体而言，此架构基本符合中学实际。但是在常规管理中，还是有一些可以考虑得更加完善的方面，如职责的明确可以更加专业，每个岗位分管或负责的部分可以更加集中，充分贯彻民主集中制原则，该讨论的一起讨论，该负责的责任到头。例如，教学处各人员可以根据自身所长专门负责某一个或某几个领域的工作，如需要专门的人员主要负责管理常规教学，并且在学校大方针之下制定具体的措施并且负责执行下去，执行的效果体现执行的能力。应更加重视细节管理，明确各管理分支的职责，强化监督，搞好队伍建设。

建议在以下范围设定具体负责人：

（1）常规教学。

（2）毕业班教学。

（3）尖子生培养。

（4）各项竞赛。

（5）教研组文化建设。

（6）教师专业成长。

（7）招生工作。

（8）校园文化建设。

（9）其他方面。

学校要建立稳定而专业的教学管理方法、秩序，对教学过程的各个环节提出切实的质量标准，将教学的检查指导、督促贯穿教学的全过程，理顺岗位职责和管理效率之间的关系，及时了解和掌握教育教学动态。各教研组要组织教师根据学生及自身特点制订教改实施方案，总结推广教学经验，开展教师教学联谊活动，制定具体措施。学校要建立有效的教学指挥系统，做到教学工作层层有人负责，教学各个环节有人把关。

二、规范教学管理机制

各教学环节都应该由具体负责人在校领导的统一指导下建立一套较完善又具有可行性和操作性的具体管理办法并积极实施。我以常规教学和教研组文化建设为例谈一些浅薄的想法，以供参考。

（一）常规教学管理

在常规教学管理中，建议要主要抓好以下六个方面的工作。

1. 先进的教学思想管理

观念是先导，教师是关键，而很重要的一个教育观应该是“关爱学生，热爱教学”。很多业务精湛的教师往往都是出于对本职工作的热爱才会主动探索如何提高教学水平的，也往往是因为热爱学生才会积极地给学生提供各种帮助的。学校可以通过举行教师沙龙或者利用周二业务学习时间，邀请校内外德才兼备的教师上台分享自己的教育故事和教学方法，达到潜移默化地影响教师教学思想的目的。学校要树立一系列的“师德标杆”，分享他们的教育故事和理念，将这些宝贵的分享以校内资料、展板等多种形式展示出来，以便发挥更久的辐射作用，让优秀教师来带动全体教师成为优秀教师，从而达到全方位提高教育教学质量的目的。

2. 周密的教学计划管理

我们要重视学校教学计划、教研组工作计划、教师学科教学计划的制订和落实，对其内容、程序、要求都做明确的规定。学校可采取统一设计的既有共性又有个性的板式，将教学计划的制订纳入规范化、科学化、可操作化的管理轨道，分享和推广好的备课组和教研组计划，在校内形成积极影响的合力，取长补短，共同推动教育质量的提高。常规管理的具体负责人要定期检查各层计划的实施情况，避免出现计划和实践脱节的现象，做到心中有数、表扬有据。

3. 严密的教学组织管理

备课组是教学管理的中心环节，我们要充分发挥备课组的作用，明确职责，汇集集体的智慧进行教学研究，并组织好听、评课活动，保证学校教学计划的顺利实施。例如，在我校，部分教研组或备课组非常重视集体的智慧，乐于和善于编写或选择有针对性的个性化教辅和练习资料作为学生作业或检测，效果显著。然而部分备课组各自为营，集体备课成了摆设，练习从不选择，选择的教辅资料良莠不齐，一律不经检验便给学生作为作业，一来不科学，二来没效果，三来费时间。我们应该通过模范备课组示范，大力表扬和奖励较有成效的备课组，逐步推广行之有效的办法，做到作业尽量有针对性，精讲、精练相结合，提高教学的实效性。

4. 科学的教学制度管理

为保障依法施教，学校要建立一系列可以实施的教学工作制度，如教师教学工作规程、教师教学质量考核评估制度、教师教学质量奖惩制度、优质课评比制度、科研论文评比制度、教师实绩综合考核制度等。严格贯彻执行这些规章制度，才能保证教学工作按部就班地进行，而不是“奖懒罚勤”，教得不好、不认真的教师就少教，甚至没有惩戒反而变相地奖励，这样会严重挫伤其他努力工作的教师的积极性，应该突出奖励教有所成的教师，大力表扬有功劳和苦劳的教师，建立教师近年来的工作业绩档案，追踪教师的授课实效，做到表扬和批评皆有理有据，努力提高教师的工作积极性，引导教师认识到教学成效与职业价值感之间的关系并主动为之努力。

5. 严谨的教学过程管理

加强教学过程管理是提高教学质量的关键途径。所以我们对备课、上课、作业、辅导、考核教学过程的五环节都要做明确的要求。备课突出集体备课，力求有效、实用；上课突出精讲、精练，注重实效；作业突出分层布置批改，合理控制学生负担；辅导突出抓两头带中间；考核突出提高过关。加强对教师教学全过程和学生学习过程的管理，才会调动师生教与学的积极性，提高教学的效益。对课堂教学的推门听课检查、巡堂检查都要落到实处，把握学校教师的任课特点，以便更好地分配任教班级，尤其要抓好各类实验班的教师配比，严防出现明显的短板科目。大力塑造名师、强师，建立具体的跟踪制度，以学生的成长来反映任课教师的工作实效，以工作实效来作为奖惩教师的重要依据。

又如，针对毕业班工作，我们可以尝试启动全员教育模式，即让教研组的大部分甚至全部教师都能有效地参与到高三教学中来。毕业班可以在年级组的筛选下分出部分学生的层次，主要针对尖子生和临界生，控制好人数，把学生分给教研组的其他年级教师，如一个高二的教师可以作为高三某几个尖子生的导师，建立规范的学习跟踪记录档案，确定导师辅导的时间、地点，给予导师相应的报酬和荣誉，尤其要加大对学有成效的学生的导师的奖励。集教研组之力来协助毕业班整体的工作，盯到具体的人，落实到具体的事，考核动态的成绩，真正做到全员高考，更充分地发挥集体的力量和智慧，更好地做到查缺补漏，掌握学生哪个学习环节比较薄弱，哪个方面比较欠缺并及时给予个性化的帮助。

6. 全面的质量管理

学校要按照“全员抓质量，全程抓质量，全面抓质量”的总体思路，坚持“看结果，更看过程；重业绩，更重效益”的科学质量观，经常性、不定期地深入课堂，随机听课，了解教师的教学观念、教学方法、教学效果，通过及时组织阶段性考核的教学质量分析会，了解教学情况，及时发现问题，提出整改意见，为教师调整教学策略提供依据（此处建议每学期期末考试可以适当提前，以便在学期末就进行期末的质量分析，而非经过一个漫长假期后再来分析）。抓好以考勤为主的工作常规检查，包括以备课、作业、辅导为重点的常规检查，以教师反思、教学后记为主的教师自我提高检查。在年度考核、评优评先晋职中，做到有理有据、奖勤罚懒。同时建议对各科课堂教学给予足够重视，真正做到面向全体学生。课堂教学管理不能只注重与升学考试息息相关的科目，而忽视对学生身心健康发展有益的其他科目，要注重艺术体育等大班、混班上课的情况，抓好分班、走班教学的纪律等。

（二）教研组文化建设

在教研组文化建设方面，我也谈一些浅薄的思考。

1. 推动教研组由事务传达型向教学研讨型转化

教研组是学校教学的核心组织，教研组的教研工作组织好了，整个科目教师的积极性和教学的成效都会大大提高。目前，我们的教研组活动大部分时候偏重传达通知、安排计划，而缺乏了主题教研、高考研究、创新教学等内容。我建议建立科学规范的引导机制，积极引导教研组在教研组长的带领下，将学科的教学质量研讨、教学方式方法创新、教育思想理念树立等作为教研组工作的重心来抓，真正打造出研讨型的教研组，从而推动教育教学质量的提高。

2. 鼓励教研组打造学科的精神家园

争取让每个教研组都有自己固定的活动场地，并且从资金、人力、物力等各方面给予一定的支持，支持教研组整理本学科的各类活动资料，对内打造教研组的精神家园，对外展示我校的教学成果，一目了然，精彩纷呈，各具特色，从教研组层面展示学校的文化特色以及办学理念和教育成果等。

要建立评选优秀教研组的制度，并且制定合理而立体的评价考核和奖励机制，发挥以优秀带动优秀、以优秀推动优秀的作用。

总之，在学校管理的过程中，理想与现实之间总有距离，要想各项措施真正能落实，必须做到真诚地对待每一名教师，要在考虑教师权益的基础上制定相关的管理制度。制度的制定是为了更好地形成合力，是为了更多地激发教师的积极性而非惩罚，是为了更加公平公正地对教师的工作做出评价，是为了保护积极努力工作的教师，是为了最大限度地关注学生的成长。学校制定的制度、采取的措施要以充分爱护和关心教师为出发点和落脚点，从而上下拧成一股绳，保证学校管理有序进行，共同发力推动学校发展。

（三）教研要抓工作重点

下面我以我校政治科组工作要点为例展开论述。

1. 抓好常规教学，坚持集体备课，相互听课，取长补短，科组青年教师成长迅速

我校政治科组在搞好个人常规教学的同时，坚持集体备课，共同讨论教学方法，明确教学重点、难点。本组成员在备课长的组织下共同商讨，确定主讲内容、教学方法，集思广益，提高备课质量，提升教研、教改的效果。听课要求做好记录，并在科组会议上评议，向主讲教师指出优点和缺点及改进的意见和希望。

2. 围绕课堂教学，进行专题探索与创新

科组的专题研究分为两块：常规教学专题研究和校本教学专题研究。

（1）思想政治课新教材分析方法探讨。

（2）公开课与常态优质课的分析与评价。

（3）毕业班复习课方式方法研讨。

（4）校本课程的开发与研究探讨。

（5）各类课题的开题与结题。

3. 特色校本课程的建设与发展

政治科组开设校本课程的初衷是培养具有道德心、中国魂、创新力的创新人才和社会栋梁，也是为学校的特色办学添砖加瓦，尽绵薄之力。政治科组开设校本课程不易，开设有影响力的校本课程更加不易，开设有影响力又能够传承下去的校本课程难上加难，但很欣慰的是，我们基本交上了较为令人满意的答卷。

政治科校本课程特色的立足点是注重实践性和开放性，兼顾实用性和趣味性。

我们充分挖掘教学资源，实现优秀传统文化与学科教学的有机结合。教材是最基本的课程资源，在教学中发挥着重要的作用，但教材只是课堂教学的重要资源并非唯一资源，因此，我们引入生动活泼的课内外文化资源，丰富课程资源。将知识生活化，是我们开设校本课程的目标。

我们把课堂延伸到社会，精心设计实施多种形式的社会实践活动，力图与课堂教学形成互补，引导学生关注和思考社会问题，提出解决方案，从而培养学生的理性精神和公共参与意识。

经过多年的探索，我们基本做到了：

（1）让校本课程走出抽象，走向具体。

（2）让校本课程走出随意，走向规范。

（3）让校本课程走出被动，走向主动。

科组开设了多门校本课程，如生活中的经济学、公共演讲与辩论等，其中模拟政协和遇见省实成了有相当影响力的品牌校本课程，情况如下：

（1）模拟政协课程。

开设的背景：基于教材中有关政协的相关知识，学生很难真正接触到政协工作，普遍缺乏对政治协商制度更深刻的了解，基于政治课本身的特殊性，作为提升学生综合素养最有力的学科，我们需要这样一种形式，改变学生对于政治的传统印象，让政治不再只是书本上的死知识，更鲜活地出现在我们的生活中。

我们开设模拟政协这一课程的目的之一便是通过对教材内容的重建、拓展，培养学生的核心素养，让学生通过亲力亲为的活动与行动，去了解政协，了解我们每一个人都可以成为政协的参与者；让学生通过实践了解国情，了解政治体制；让学生不仅学习书本内容，更实践书本内容，甚至拓展书本内容，并在此过程中体会到学习政治、参与政治生活的乐趣与成就感，增强学生作为公民的责任感和参与感。

在开设这一课程的一年时间里，虽然经历了太多的艰难困苦，但师生的收获都是很大的。在2016年8月11日结束的第三届全国青少年模拟政协活动中，我校第一次参赛就取得了辉煌的成绩，并携《关于急救设施和急救教育的推广普及的提案》于2017年3月赴京参加了全国政协大会新闻发布会，将广东省第一个学生提案提交给了全国政协十二届五次会议。2017年8月7日至11日，我校模拟政协社团到杭州市学军中学参加第四届全国青少年模拟政协活动，斩获最佳提案奖、最佳展示奖、杰出调研报告奖和优秀团队奖四个大奖，聂文心、吴希珏两位同学获得最佳风采奖，陈宛彤同学获得最佳模拟政协委员奖，易欣瑜同学获得杰出模拟记者奖，郭彦瑞老师获得优秀指导老师奖。之后的几届比赛，我校均取得了可喜的成绩。作为一门中学的校本课程，模拟政协影响力极广，被各大媒体（包括CCTV）争先报道。

（2）遇见省实课程。

开设的背景：学校的发展必须依托各个学科组的特色课程研发，新时期的改革要求教育教学既发挥本学科独特的育人功能，也要重视跨学科之间的综合育人功能，同时要提高学生适应社会、学以致用的能力。这就要求教师在开展学科教学的过程中适当增加综合性的实践和活动性课程，通过打破现有的课程空间，研究新的方式方法和课程结构。

遇见省实开设的初衷：打破一个教师、一个教室的学生、教师主讲、学生听课的传统模式，开创一种全新的模式来积极探索如何更好地实现由政治学科牵头、多个学科参与的文科融合课程模式。

4. 立足本校教学实际，开展课题和教学成果研究，提高理论总结水平

除了进行常规教学、听课、评课等活动之外，我们鼓励科组教师多方面发展，将自己的教育教学实践整理和升华为各类成果，这也是落实科组建设的行动计划之一，是提升科组成员专业素养与能力，提高课堂教学有效性的重要举措。目前，我们基本掌握了课题的立项—研究—结题—应用的方法，形成了一定的特色。校本教研与科组建设相融合，有力地提高了科组成员的专业能力和专业素养。

5. 促进教师专业发展，使其成为教育革新的生力军

政治科组结合实际教学，建立了教学研究制度，通过组内研讨、集体备课、同课异构、内部交流等方式，在组内形成了浓厚的学习和研究氛围。此外，政治科组不定期邀请校外专家，给科组教师做培训、讲座，提高了组内教师的专业素养。同时，我们以各级课题为载体，培养研究型教师，鼓励教师承担各级各类研究课题，撰写相关论文，积极参加省市的各类教研活动，并积极承担相应的职务，如广州市高一、高二、高三的中心组皆有我们科组的教师担任重要职务和工作，有效地促进了教师的专业发展。

6. 打造人心工程，经营好政治科组的向心力

一盘散沙的科组是干不成事的，一个人独占鳌头的科组也是干不成事的。过去的一年，政治科组深入贯彻学校“以人为本”的理念，充分发扬科组内部的民主精神，本着对每位教师负责的思想，把培养综合性政治教育人才当成大事来抓，建立了科学、公正的激励竞争机制，营造了一个让每个人都感到舒心的工作氛围，提高了大家的认知水平，科组成员之间有竞争，更有互助，大家齐心合力，劲儿往一处使，才有了这一年的硕果累累。科组的很多教师都在学校、全市、全省做出了优秀的成绩，受到了肯定。科组之成长、教师之进步、学校之发展，路漫漫其修远兮，我们从基层细节抓起，打造政治科组文化建设。

革故鼎新　推陈出新

——新课程的变与不变

新课程改革的背景如下：

普通高中课程方案和学科课程标准在多方面都体现了“新”。在教学内容上，新课程注重将立德树人贯穿教育全过程，关注学生的思想品德教育、公民素养教育、学习能力、交流与合作能力。

（1）在教学方式上，新课程倡导学生的主动参与、主动探究，注重信息技术在教学中的灵活应用。

（2）在课程教学上，新课程倡导学生通过亲身实践、动手实验，养成独立思考、主动质疑的习惯，倡导小组学习，相互合作与启发。

（3）在评价体系上，新课程倡导考试内容与现实生活的联系，注重考查学生分析与解决问题的能力，加强对学生日常学习过程的发展性评价，注重学生自评、同伴互评和家长的评价，增强、注重实践操作。为做好新课程的实施工作，国家进行了一系列制度安排，如在推进步骤上，根据《教育部关于做好普通高中新课程新教材实施工作的指导意见》，2018年开启新课程全员培训工作；2019年上半年开始分批分步完成新教材培训工作，普通高中校长和教师队伍组织实施新课程新教材的能力要整体提高，教研机构和教研队伍的专业支撑能力要进一步增强；到2022年秋季开学，全国各省（区、市）均启动实施新课程新教材，相关工作推进机制和保障机制进一步健全；到2025年，新课程新教材的理念、内容和要求全面落实到普通高中教育教学各个环节上。

（4）在工作机制上，国家提出建立国家、省两级课程实施监测制度，健全课程建设和管理反馈改进机制。从2020年起，教育部组织专业机构对各地新课程新教材实施情况进行跟进指导和总结评估，不断提升新课程新教材实施的科学化和规范化水平。

这个暑假，广东省开启了各类别的新教材的实施培训，从本学期起，广东省高中全面推行新教材、新高考。当前，在新高考制度下，普通高中课程建设将实现五大转变：

一是对学校课程改革价值功能的重新审视，真正实现从分数唯一到以学生发展为本的转变，意味着对考试文化的根本性突破。

二是在前期选修课走班的基础上，推进必修课程全面而实质性地走班。

三是新高考方案赋予学生前所未有的选择权，要求学生学会选择、规划人生；同时对教学实施和学生管理也提出了新的更高的要求。

四是考试内容和考试重点的转变。要求学科课程不仅要关注学生的基础知识和基本技能，还要关注社会实际和学生的生活经验，关注学生的创新精神和实践能力。课程结构的重组将带来教师专业结构和数量的变化。

五是在进一步加大学校自主排课权的情况下，不同层次、不同类型的学校建构符合本校实际的课程推进模式和方式，从而进一步形成个性化的办学特色。

广东省目前的2021届高三毕业班从高一就开始围绕旧教材、新高考的实施进行了一系列探索，包括选课走班，研究已实施新课改、新高考地区的教育教学模式，实施并不断完善学生综合素质评价体系。根据目前广东省高考改革的情况，学生高考必考的科目如下：语文、数学、英语继续采用全国卷。学生在物理和历史两学科中任选一科。这四科采用原始分叠加的方式。广州市中考也对应调整，从2021年开始，中考增加了历史科目。在政治、生物、地理、化学四科目中任选两科作为高考科目，这四个科目采用原始分折合为等级分的形式（广东省的等级分分区很细，和原始分贴合比较紧密）。新的课程改革突出学生学习的选择性，彻底打破了文理分科泾渭分明的旧局面，更加突出学生的兴趣特长，如以往的课程高考模式，理科生就不会再选择政治学科，文科生不会再选择化学、生物学科，而现在选择物理的学生也有不少同时选择了政治学科的，历史类学生也有选择了化学、生物学科的。打通不同学科之间的文理界限，全面推动学生思维能力的发展，激发学生新的创造潜力，从初中到高中各阶段的教学也可以进行相应的调整，发掘学生潜力，进行有差别的个性化培养与引导，以兴趣为向导来推动学生的主动学习，提高教育教学的有效性。

新课程改革下的课程体系中既有必修课程，也有选择性必修课程，还有选修课程，要多维度地落实立德树人的目标，教师还可以考虑开设各类特色校本课程，积极利用与开发各种校内外课程资源，创新课程，对课程结构进行完善、拓展和优化，多方面、多维度拓展学生的知识、能力，构建由“人生生涯规划”“职业生涯规划”“中学学业规划”三个层次组成的结构系统。其中，“人生生涯规划”即人生发展规划，包括正确认识自我、认识他人、认识社会，主要解决学生的价值观问题，让学生学会做人；“职业生涯规划”即专业方向规划，解决的问题是让学生学会选择、学会生存；“中学学业规划”解决的是让学生学会学习的问题。

利用多种资源，打造学生社会实践大课堂，实现学习与现实生活的联系，需要从多方面着手，通过多种途径打造，让学生走近社会、了解社会、融入社会。

多样性课程可以适应学生的差异性和个性化需要，学生可以根据自己的学业基础和兴趣特长进行选择性学习，也有利于从更多方面来促进教师的专业成长，通过特色课程的开发来带动教师的全方位发展，更好地落实立德树人的目标。

关于开发特色课程、校本课程的设想，只有着手学科知识模块的调整，实现学科教学的优质高效，全面分析学情，立足校情和学生发展的需要，才能有时间和空间开发校本课程。其一，学校应做好学生当下核心知识的学习与义务教育阶段知识的学习、教育理念与核心素养的衔接，要认认真真设计好每一门课。其二，学科课程群的构建要做到学科分层、尊重差异，通过学科内拓展、学科间交叉整合，搭建包括基础类、拓展类的学科群，实现学生分层及自主选择学习。其三，通过知识模块重组、内容合并与增删，体现课程内容的层次选择性。知识模块重组要结合学科特点，从学生实际出发，处理好降低内容难度与扩展知识广度的关系，同时主动开发特色课程和校本课程。

目前，新高一的教师也正在进行各类型的新教材实施的课程培训，以便顺利开展新教材的教育教学。

不管是高中还是初中，在新的高考、中考背景下，教师在教育观念、教学能力、教学方式等方面都需要有一些变化。

首先是教育教学观念的转变，教师要深刻理解新课程改革理念。长期以来，应试教育观念影响很深，如将教育质量简单等同于平均分、升学率。教育上的任何改革都需要通过教师才能传递给学生，新课程改革要求加强对学生能力的培养，重视对学生学习过程与方法的引导。2020年，某某一中的新闻满天飞，家长举横幅反对学校大搞素质教育连累了高考成绩。如何看待素质教育与应试教育的关系，如何深刻理解新课程改革的初衷并且有效地实施教育教学，是摆在我们每一位教育工作者面前的问题和我们面临的新挑战。我们省实就是一所在应试教育浪潮中坚持素质教育初衷不改的学校，并且在多年的高考、中考中都取得过辉煌成绩，全校长说："省实的素质教育不能变，省实的高标准、高要求不能变。"

如何提高我们的教育教学能力？新课程对教师的知识结构、思维方式、教学能力都提出了新要求、新挑战。

新课改倡导民主、平等、和谐的师生关系，面对扑面而来的选课走班，尤其是选考科目的考试方式的改变，都需要教师研究学生的学习、思维方式等，对不同的学生采取有针对性的教学方法，这些都是教师面临的新挑战。当前网络发达，信息传递迅捷，学生获取知识的途径变得更为多样，这也在不同程度上对教师的专业权威形成了挑战。所以教师必须不断加强学习，包括对教育理论的学习和对各学科新的教学方式的探索与学习，后者更加重要。

其次是教育教学方式的转变。新课程改革倡导教师联系生活实际引入新知识，倡导学生在探究与合作中了解知识的产生与获得过程，倡导课堂中让每个学生都能参与进来，这就要求教师不仅要关注教学内容，也要关注课堂教学的组织形式和学生的主动性、参与性。新课程改革要求教师角色转变成学生学习活动的组织者、引导者与合作者。课程的价值引领需要由教师实现，教师要在教学中充分体现立德树人的目标，立德树人的价值只有深化到教师的内心，才能实现与课程的最佳融合。

细观全新的思想政治课课程标准，无论是课程内容本身，还是课程目标、课程结构、课程评价等，新一轮的高中思想政治学科教学已经对教师提出了更多、更新的要求，要求教师在新的历史背景下，认真学习新的课程标准，积极思考高中思想政治课教学的"应变之处"，思考如何对过去的教学实践经验进行有效的革新，取其精华，去其糟粕。

从课程结构上来说，课程已经发生了重大的变化，新的课程结构充分体现了对十九大精神的贯彻，“推动城乡义务教育一体化发展，高度重视农村义务教育，办好学前教育、特殊教育和网络教育，普及高中阶段教育，努力让每个孩子都能享有公平而有质量的教育”。“公平而有质量的教育”是十九大关于教育的重要精神，新的课程标准围绕着十九大精神，对课程结构进行了重建。在新课标中，必修课程是全体学生必须完成的学业，选择性必修课程是选择本课程作为学业水平等级考试的学生必须完成的学业，选修课程是提高型课程和校本课程。这样的课程结构充分体现了什么是公平的有质量的教育，这就对政治教师的教学方式方法的革新提出了新要求。教师必须主动适应这一重大变化，继而去思考自身教学方式方法的传承与革新。

一、教学方式的“应变之处”

教师要打破原来对所有学生“一视同仁”的教学目标模式，要更加善于分析学情，积极引导学生主动选择适合自身发展、满足自身兴趣的教学模式，采取更加有效的因材施教的措施。教师必须转变角色，积极适应这一变化，即使是同样教学内容的课，也不能不加区别、无差别地传授给全体学生，应该针对不同学生的自主选择做出个性化的备课准备。教师要仔细研读和学习新的课程标准中关于课程设置的原因和目的，也要研究课程标准中的教学与评价建议、学业水平考试命题建议、教材编写建议、对地方和学习实施本课程的建议等，再根据学生的不同学习需求进行有针对性的备课。这种教学方式方法的转变相比以往对学生主体性和个性化的关注是空前彻底的，教师必须有足够的应变能力去适应新的教学环境，去创设新的教学情境，去引导学生更加积极主动地参与到学习中来，从而提高教学的有效性。

课程性质的变化突出体现了十九大精神的重要性，将其融入了学习的全过程。“坚持政治的思想政治方向”这一要求在课程内容的变化中显得格外突出，必修模块在内容上的改变与调整正是直观地体现和贯彻了这一点，这一变动要求教师与时俱进、推陈出新。

二、教学目标的“应变之处”

全新的思想政治课程标准中关于评价机制的阐述，由“建立促进发展的课程评价机制”变为“建立促进学生思想政治学科核心素养发展的评价机制”，在教学目标上将“思想政治学科核心素养”提到了十分重要的地位。学科核心素养是学科育人价值的集中体现，是学生通过学科学习而逐步形成的正确价值观念、必备品格和关键能力。思想政治学科核心素养主要包括政治认同、科学精神、法治意识和公共参与。

新实施的高中思想政治课必须把提高学生对于中国特色社会主义的认识，确认中国共产党的领导是中国特色社会主义最本质的特征，拥护党的领导的政治认同，把学生作为公民对个人成长、社会进步、国家发展做出理性的价值判断和行为选择的理性精神，把学生主动自觉地参加社会主义法治国家建设，发自内心地尊法、学法、守法、用法的法治意识，以及有序参与公共事务、承担社会责任的积极态度和行动，直接行使人民当家做主的政治权利和义务的公共参与意识的实践与成果纳入政治课课程的评价机制。这就意味着为了教学目标的达成，教师在进行教学设计的时候必须充分考虑教学目标的“应变之处”，将这些要求通过教学环节层层推进，有效地加以落实，从知识层面到价值观层面，进行一系列的调整与革新。

除此之外，新增加的表述有“构建以培育思想政治学科核心素养为主导的活动型学科课程”以及“尊重学生身心发展规律，改进教学方式”。

“遵循教育规律和学生成长规律，课程设计兼顾基础性与选择性、提高学习效率与减轻学业负担的要求，促进学生全面而有个性地发展。”新课程的实施将活动型学科课程的要求提到了一个新的历史高度，这要求广大教师认真研究课标和教材，从本校实际出发，结合必修课和选修课，结合各个班级学生的特点和学生的具体选择，在常规课程中设置一些相关而必要的活动型内容，最大限度地调动学生学习的积极性和兴趣，改进以往的常规教学方式，同时设置一些有益的校本课程来更好地推动活动型课程的开展。例如，设置模拟政协、模拟法庭、模拟公司等各具特色的课程，通过校本课程的丰富和完善更好地实现思想政治课通过搭建活动型学科课程来培育学生学科素养的目的。

三、考核方式的“应变之处”

新课程要求参考学业质量的新要求制定新的评价考核机制。

新课标明确了学业质量是对学生多方面发展状况的综合衡量，确立了新的质量观，改变了过去单纯看知识、技能的掌握程度的情况，引导教学更加关注育人的目的。

学业质量划分为不同水平，学业质量水平二是高中毕业生在本学科应该达到的合格要求。围绕这一要求，教师应该思考如向为广大学生在知识上适当地“减负”。对于不打算将本学科作为高考科目的学生来说，评价应该更加注重学生在思想政治素养方面的表现和理解，结合学生的过程性参与度和最终成果的生成来形成对学生的考核。这就要求教师不仅要更加科学地设置考查的项目、难度与可行度，又要认真地记录和观察学生的过程性表现。

学业质量水平三是学业水平等级考试的命题依据，这部分的考核主要是针对将政治学科作为高考必考科目的学生。对于这部分学生而言，选择首先源于兴趣，其次源于需要。就高考选拔人才的需要而言，这一层次的考核内容、难度、广度、灵活度、运用度、实践性、理论性都要高于学业质量水平二。这对教师的命题水平和评价标准都提出了更高的要求，教师要根据学校的具体情况，从选课学生的具体实际出发，制定科学的考核方式，改变一考定结局的方式，将学生的过程表现、行动规范、实践能力与测试情况有机地结合起来，帮助学生通过自我探索和教师指导，很好地适应高考的选拔性筛选。

学业质量水平四的相关表现可纳入综合素质档案予以呈现，作为普高等学校招生录取、自主招生的参考。在这一层面上，教师要转变将测验的分数作为主要评价依据的习惯性思维，我们建议将评价的标准更多地和学生参与活动型课程的主动性和积极性挂钩考量，可以采取学生互评、自评加教师评价相结合的方式，更加侧重考量学生对政治课知识的运用和实践能力。

以上这些思考都是基于解读新课程标准来思考高中思想政治课教学的“应变之处”的，不管是教学方式方法的转变，还是评价机制的转变，都要建立在教师及时转变教育教学观念的前提下才具有可操作性。我们鼓励教师既吸取已有的丰富的优秀教学经验，又敢于创新，做课改的思考者和实践者，顺利实现思想政治课的核心素养目标。

博采众家之长，助力专业发展

——我和我的工作室

背景：2017年，阳珂省名师工作室在省教育厅的支持下挂牌成立，在近三年的工作中，工作室在不断创新中成长，收获了很多关于做好思政课教师的所思所想。

工作室理念：相互促进，共同提高。工作室是体现教师情怀和实现教育价值的平台，“博采众家之长，助力专业发展”。

工作室特色：以教育科研为先导，以课堂教研为主线，以网络交流为载体，以“发展学生、成就教师”为目的。

一、工作室特色凝练和品牌建设

近三年的时光，如同白驹过隙，成员都得到了不同程度的发展，有的成了市里、省里的教学骨干；有的在各类课堂比赛中获奖，崭露头角；有的在各类期刊上发表了有关教育教学的各类文章；有的参与或亲自主持了各类课题；有的获得了省的各类教学成果奖。

我们通过各类创新的课例研究，多维度、全方位地和多位同行切磋课堂驾驭技巧；通过各类专家讲座，立体化地推动了教师教学站位的提高；通过走访名家、参观博物馆、缅怀先烈，既提高了作为思政课教师的政治觉悟，又提高了文科教师的文学素养；通过走访科大讯飞华南有限公司等科技前沿公司，了解智慧课堂，提高了教师运用新技术开展课堂教学的思想觉悟；通过和名校切磋、教育扶贫、送教下乡等活动，践行了思政课教师的初衷；疫情期间，通过各类云学习，进一步提高了教师在特殊时期教学的技能。我们坚持及时整理各类活动的反思，通过这些年的实践，工作室的成员用实际行动践行“政治要强，情怀要深，思维要新，视野要广，自律要严，人格要正”。

二、专家讲座　指点迷津

本工作室主张合作互动，是教师共同成长的阵地。工作室先后聘请了十几位省内著名专家开设各类教育教研讲座，帮助学员在理论中寻力，在活动中觅智。

例如，曹雁博士做了题为“如何做文献综述”的讲座。曹博士以课题文献综述作为引线，从课题选定、课题的构成、选题的方法等方面进行了阐述。她结合具体的研究案例，对课题申报、课题题目的确定、核心概念的界定、文献综述及创新之处、研究的预期成果及可行性分析等方面进行了深入浅出的讲解。讲座既有深度，又有广度，具有很强的指导性。南粤优秀教师张培军老师针对当前的教育教学与德育工作存在的问题，以及新高考的目标，提出了实践型活动课程与学校德育工作的融通整合的建议。他谈道，作为新时代的政治教师，我们要站得更高，摆好角度和立场，利用思想政治教育的平台，发挥政治教师在德育中的作用，落实学科核心素养。广州市“十佳教师”，有着丰富高三备考经验的张志扬老师给学员们带来了“素养导向精准备考”的主题讲座，从“关注考纲把握方向”“细研真题总结规律”“备考感悟复习建议”三个方面深入浅出地展开分析。华南师范大学教育学院曾文婕教授为学员们做了一场名为“教育研究论著写作”的讲座。讲座上，曾教授以自己与他人的教学论文为切入点，与学员们一起交流并探讨教学论文、论著的撰写，为学员们解答了在教研写作中遇到的一系列困惑，促进了学员们理论写作水平的提升。华南师范大学博士宋春燕教授给工作室成员做了名为“生涯教育与教师职业发展”的讲座。宋博士指出生涯是需要学习的，也是需要设计的。优秀的教师不能只研究专业技能、策略等硬知识，更要关注学生隐秘的内心世界，关注学生的个性化、多样性发展。

我本人给学员们主讲了“论校本课程的有效开设”，分享了广东实验中学政治科组的发展特色，希望学员们在学习中有所感悟、有所成就，在未来能根据自己学校的特点发展壮大科组，为学校的特色发展添砖加瓦。

三、课例研究共进步　三尺讲台展风采

在工作室的集中培训中，课例的研究是我们彼此切磋的主要平台，为了让学员更全面、多维度地反思自身的教学，我们通过与多个学校的课例交流，通过同课异构、同课同构等方式来推动教师教学技能的提升。

李家琦老师给工作室学员展示了一节精彩的高三一轮备考示范课“人的认识从何而来”。李老师在复习中层层深入，对教学重难点进行了不同的解读，还对高考题进行了改编，展现了其深厚的教学功底和对高考考点独具慧眼的敏锐洞察力。我们还开展了题为“新时代的劳动者”的同课异构研讨课。徐虹老师的教学环节衔接紧凑，背景材料典型有力，娓娓道来；梁雪红老师走下讲台，和学生亲密接触，用一个案例贯穿始终，深挖细研；郭彦瑞老师从学生的“职业生涯规划”入手，让学生把自己作为研究对象，尝试着对自己的未来就业做出一番探究、规划。在广东实验中学越秀学校，成员们研讨了高三“价值与价值观”的复习课，高二“矛盾普遍性和特殊性”的习

题巩固课，还有高一“企业的经营”的新课讲授。不同课型，各有精彩，成员们体会了不同教师不同的备课思路，观摩了不同的教学演绎，见证了其他教师的优点从而发现了自己的不足。

在省实顺德分校，朱珠老师、跟岗学员刘春红老师和杨月容老师一起上同课异构课——“股票、债券和保险”。刘春红老师以“假设我有10万元余钱怎么投资？”为主题展开讨论，就学生在讨论中对知识的一知半解答疑，引发学生的学习兴趣，培养学生的理财观。杨月容老师用的是让学生在自学过程中相互答疑的方式，步步深入引导学生学习，培养学生的钻研精神。在广东实验中学附属天河学校，学员蔡金烈、郑文华两位老师与周亚茹老师讲授“国家财政”。三位老师充分发挥教学智慧，通过情境创设、角色体验、合作探究等方式，为大家献上了各具特色的公开课。

我们还采用“多室联动、活动整合”和“请进来，带出去”的学习方式来研讨课例，联合华南师范大学附属中学和张莉名师工作室的学员同上一节课。杨依敏老师和徐虹老师共同给我们带来了一堂新授课，课题是《我国外交政策的基本目标和宗旨》。胡胜辉老师和刘春红老师共同带来一堂一轮复习课，课题是《坚持国家利益至上》。同课同构是一种新的教学模式，四位老师的此次尝试给了我们一次很好的示范和思考。

通过这种思想的碰撞，学员们在慢慢反思一些问题：怎样的课才是一堂好的政治课？复习课与新授课有何区别？核心价值观如何渗透在教学过程中？教学中的探究活动如何设计？怎样的设问才是有效的？等等。思维的碰撞不断擦出智慧的火花，教师在三尺讲台展风采，在课例研究中共进步。

四、领略大师之风　提升文化底蕴

我们参观了广东省正高级教师、广东省人民政府督学、广东省基础教育系统名教师，广东省特级教师罗易老师的工作坊，感悟一位资深名教师的成长之路。参观了黄埔军校和辛亥革命纪念馆后，学员们更深刻地感受到黄埔军校创建的初衷，军校培养的军事人才对中国革命事业发挥的突出作用，从而深刻反思新时代的思政课教师应有的责任担当。

五、行走省内　支教边区

工作室到惠州市东江高级中学、惠州市实验中学参观学习，学员们比较了不同教学模式的优缺点，就如何上好政治课开展了激烈的研讨。

通过本次活动，名师工作室的作用辐射地方学校，惠及地方师生，及时解决了地方政治教师在教学教研中的一些困惑，特别是教师在高三政治二轮复习过程中遇到的迫切需要解决的问题，既增强了一线教师的业务能力又为工作室的研究提供了深厚的土壤。

2019年11月，我本人远赴四川甘孜藏族自治州高级中学，开展了为期一个月的边远山区支教工作，通过这一个月的支教，我为当地师生带去了好几场高质量的讲座。2020年8月，我本人受邀前往贵州六盘水，再次为当地带去了好几场高质量的讲座，充分发挥了工作室对全国尤其是相对落后地区的辐射功能。

六、名校交流　见贤思齐

我们和华南师范大学附属中学、广雅中学、执信中学等广州市名校都进行了深刻的交流学习，聆听了广雅中学张道风老师的一轮复习课和执信中学高中政治学科组长洪少帆老师的讲座“公共参与的实施策略探究”。

如何贯彻新课程理念，落实学生的公共参与素养？如何坚持正确的价值引领，融合政治认同、科学精神、法治意识的培养？如何对要参与的公共事务的可行性做出把握和判断？如何对公共参与的方式方法进行引导？如何坚持课堂教学和课外拓展相结合、参与认知与参与体验相结合，“创设情境、模拟体验”和“直接参与体验”相结合？等等。这些问题都给我们提供了教学思考的方向。

七、感受科技力量　助力教育发展

我们参观了科大讯飞华南有限公司，通过视频演播，学员们看到了未来AI技术的发展前景，也认识到了现代科技与人类生活、工作的密切关系，深刻领会了科技创新为生活特别是教育带来的新契机，了解了智慧课堂，充分体会了科技在教育领域的巨大作用。

这是一次受益匪浅的研学活动，它让学员们对未来教育发展有了更加深刻的认识，使学员们意识到科技发展对于教育的巨大推动作用，切实感受到自我能力提高的迫切性。

3

第三篇

难忘的思政课　记忆中的课堂瞬间

行云流水的课堂，听起来让人耳目一新，自然不拘谨，流畅不刻意，不矫揉，不造作，一堂课听下来，听者不知疲倦，反而意犹未尽，课堂的情节环环相扣，没有过多的废话，这样的课堂一定是难忘的。在从教近20年的风雨历程中，我上过很多让自己难忘的课，有很多难忘的课堂瞬间深深地印在了我的脑海里；我也听过很多让自己难忘的课，即使很多年过去了，依然不能忘怀，每每想起，都会感动不已；还有一些课，不仅感染了学生，也深深地感染了自己。这样的课堂，都是我心中难忘的课堂。

因地制宜 因材施教

——记“社会主义市场经济”课堂瞬间

2018年12月，我在四川省泸定县甘孜藏族自治州高级中学（以下简称甘孜中学）支教，应校方要求，在高一上了一堂公开课。这是我在这所学校支教上的第一堂课，之前密集地听过很多课。为响应政府的号召，这边大多数班级采用的都是成都七中的同步直播网课，学生端坐在座位上，安安静静地听课，屏幕上播放着成都七中老师的同步课堂以及课件，这里的老师主要负责课后补充、辅导以及讲解习题，这样的课堂在一定程度上解决了教育不公平的问题，让山区的学生也能共享名校的资源，但却缺乏一些师生互动。我想起自己在省实的这些年，授课方式截然不同，这一节课我曾经在不同的时代背景下上过很多次，但对象都是一线城市重点中学的学生。甘孜中学的学生和我以往面对的学生很不同，这里大山环绕，很多学生家庭以务农为生，加上习惯了网课教学的方式，照搬以往的教学模式显然是行不通的，我第一次面对全新的学生群体，如何才能上好这节政治课呢？

从以往的教学经验来看，面对陌生的学生群体授课，最能拉近师生距离的莫过于采用学生最熟悉、最亲切的场景材料。于是，大家会发现，当教师到陌生的环境第一次给全新的学生上课的时候，往往只有采用最贴近学生生活的材料才最能打动学生的心，激起学生的兴趣。广东作为甘孜藏族自治州的对口支援省份，近年来，在教育、医疗等多个方面都给予其诸多帮扶。这是我第一次来到甘孜藏族自治州支教，却颠覆了我对于支教地区的印象。泸定县虽然只是一个山区的小县城，却处处都体现着社会主义市场经济的风貌。我去逛当地的超市和市场，商品价格和广州基本一致，略有起伏。我在县城里闲逛，商品丰富，物种繁多，大渡河两岸楼房林立，商业氛围较浓。县城的广场到处都是晒太阳闲聊的老年人，中青年劳动力忙于工作，一片祥和。我上网查找资料，感叹于甘孜藏族自治州日新月异的变化，而这一切都可以作为我上这堂课的素材。于是，我以泸定县的发展为背景设计了这堂课，并以自己在广州的所见所闻鼓励学生努力学习，多走出去看看，看看在市场经济蓬勃发展的背景下，我们的国家、我们的生活有什么特点，在经济更加发达的一线城市广州，又有什么不一样的地方，等学成归来，更好地建设家乡。

社会主义市场经济的基本特征有三点，在讲述第一点的时候，我展示了一组图片和数据（中国的世界500强企业中的佼佼者），有中石化、工商银行等，引导学生思考这些企业有什么共性。学生概括出“公有制为主体”是社会主义市场经济的基本特征。同时，我引导学生思考：甘孜藏族自治州有这样的企业吗?

“同学们，让我们看看泸定县的过去与现在。”（展示泸定县市场的繁荣和市容市貌，对比的是过去的大渡河两岸，可以看出对比明显。）

这个环节让学生充满了兴趣，看着学生好奇和感叹的样子，我趁热打铁地问：“谁可以和我们分享一下你对于甘孜现状的感想？”

本来，我做了两手准备，毕竟学生习惯了网课的学习方式，我没有把握

第一节课就改变他们的习惯，调动他们的积极性，如果学生不能或者不愿回答，就由我来分享在准备这一课的过程中的一些感受。谁知学生普遍处于跃跃欲试又缺乏勇气的状态，这既是一个让我意外的现象，又是一个让我欣喜的现象。于是我鼓励学生，当一个学生战战兢兢地分享了他的观点后，我引导全班学生致以掌声。得到鼓励后，更多的学生举起了手，参与了表达分享心得的环节。

有一位男生说："老师，我以前没有感受到自己是富有的，刚才我在想，我是富有的，因为我生活在一个好国家，我们的日子越来越好，将来还会更好。"

我说："是的，生活不缺美好，需要我们有发现美好的眼睛，还有感受美好的心情。说实话，这次来甘孜以前，我做好了吃苦的准备，而当我踏入甘孜中学大门的那一刻，这里和我想象中要支教的学校不一样，当我进一步了解后，感叹于这里的教学硬件几乎可以和广州相媲美了，宽敞的教室、信息化的教学手段，应有尽有，我在教师办公大楼前面看见了一块牌匾，上面写着'广东实验中学对口援建单位'，大家知道那一刻老师的感受是什么吗？"

学生说："老师，您说说您的体会吧。"

我说："幸福、欣慰、美好、感动！"

学生鼓掌，一位男生举手，他说："突然想代表同学们感谢一下来自广东实验中学的老师，谢谢你们对我们的帮助。"

所以，甘孜的巨变，从教育到医疗，再到市场的完善，我们一起走在共同富裕的康庄大道上。而共同富裕就是社会主义市场经济的根本目标。

我说："在来泸定的路上，我看见在大渡河上有一座非常巍峨壮观的桥，于是我拍了照片，回来一查，原来是成都通往康定的高速公路，一旦开通，成都到康定仅需3小时即可。这速度简直不可思议。于是我对我们甘孜的各条公路、桥梁产生了浓厚的兴趣，查了一下，发现了很多‘新大陆’，不知道同学们有了解吗？”

一位女生举手，说：“老师，您刚才提到的这座桥我也是第一次知道，但是我知道我家通往县城的那条马路发生了很大的改变。小的时候，那还是一条泥泞的弯弯曲曲的小路，前些年，已经修成了很好的大马路，这让我们的出行变得更加便捷和顺畅。”

我把收集来的甘孜藏族自治州近年来基础设施建设方面巨变的图片展示了出来。作为来自广东省的教育工作者，我展示了这些年来广东省在对口援助甘孜藏族自治州发展的过程中所付出的人力、物力和努力，表达了自己此番来到甘孜藏族自治州看到社会发展、人民和谐场面的感叹，师生共同感受到了我国集中力量干大事，个人利益、集体利益和国家利益相统一的实践，科学的宏观调控就在我们身边，这也是社会主义市场经济的特征。

【课后反思】

本节课让我感受很深，在我的教学生涯中留下了深刻而难以忘怀的回忆。这是我第一次在支教的学校上课，和我以往常常面对的学情完全不同。要上好一节课，离不开了解学情。在备课的时候，我常常会陷入一种担忧，就是能否在短时间内调动起学生的积极性，改变他们长期相对固定的学习习惯，是否能达到我预设的效果，实现我的教学设计呢？同时，我又常常不由自主地感叹，不深入了解甘孜藏族自治州的巨变备课，便不能更好地了解课本的内容。我是教师，亦是学生，活到老，学到老，这是在如今这个学习型社会中我们所需要做到的。备课的过程也是一个学习的过程，作为一名资深教师，通过这次备课和上课，我对社会主义市场经济的体会更深了，我为自己身为中国人而感到幸福，为我们落后地区的变化而感到欣慰，因为我正好来自甘孜藏族自治州的对口支援方，更是感到荣幸和责任。当我面对那一张张陌生又好奇的面孔时，我感到了作为新时代的思政课教师的荣誉和担当。这节课只有40分钟，却在短时间内调动了学生的积极性，学生主动分享。从一开始的怯生生到后来的积极参与，这样的课怎能让人不难忘呢？课后，我去查了一下最后那位回答问题的女生提到的她家门口的那条崭新的大马路，了解到这也是广东参与建设的其中一条道路。要致富，先通路，社会主义市场经济真的具有不可比拟的优越性，它将市场经济的一般特点和我们自身独特的优势紧紧地联系在了一起。中国的今天，先进地区和落后地区的现状展现了一幅社会主义市场经济绝美的画卷。我相信，那节课，甘孜中学的学生也会深深地记得，记得曾经有一位来自广东的老师，和他们一起感受了两地的心连心、手牵手，我也相信学生会更加相信学习的力量，树立身为中国人的幸福感和自豪感。

一场讲座　满堂感动

——那年，那山，那时

到甘孜来的这段日子，我的感受太多了。不知道是大山环绕的缘故，还是不算太深入，尽管天气寒冷，内心却总是涌动着一股股暖流。

我答应今晚给高三文科班做一场讲座，话题是“如何做好高三备考”。本来周老师说怕我太辛苦，就讲一小时吧，我主动要求延长到两小时。下午六点开始，几百号学生和教师陆陆续续进场，讲座从六点半开始，持续到近九点，很多内容依然只能点到即止，权当抛砖引玉了。

为了讲好这场讲座，真正发挥积极的作用，不辜负山长水远来这一趟，这几天，我认认真真地做了八十几页的课件，又把近几年的全国卷，尤其是Ⅲ卷（四川考Ⅲ卷，广东考Ⅰ卷），老老实实地做了一遍。

尽管这几年的高考题我已经做过了，但此番再做，不由得感慨：哎！自己还是不如以前了，记忆力明显衰退了，以后的日子，只能靠勤奋来补拙了。这也是我今晚和学生分享的一点感受：不要以为自己背过书了，做过题了就OK了，勤奋的人永远比我们背得更认真，做得更多。

在讲2018年全国Ⅰ卷第38题的时候（考马拉松热的原因），我还图文并茂地给学生看了广州马拉松的诸多照片，学生看到广州的照片，都有些兴奋，我鼓励大家努力读书，争取有更多的机会到更多的地方去看看这个世界，增长自己的见识。

讲座开始前，甘孜藏族自治州高级中学教务处的何主任很认真地给学生介绍了我。关于这些介绍，无非也就是些稀松平常却必须在正式场合提一提的东西，却不料收获了雷鸣般的掌声，甚至惊讶声、欢呼声，我当时就有点泪目了。

当天上午我参加了泸定中学的校庆，看完了一整本师生写的作品。那天甘孜藏族自治州高级中学合唱节比赛的时候，杨校长坐在我后面，一遍遍地自言自语："我们的孩子们多么可爱啊！"

我不由得感慨，无论在哪里都有扎根教育、热爱教育的老师。此番来支教，出发前，我对部分人说过，这是一次心灵洗涤之旅，所以我要来，克服困难也要来。我的心灵是真的被洗涤了，终于有空在职业的瓶颈期、倦怠期停下来，认认真真地思考未来我应该如何做好这份职业了。

讲座结束后，我用家乡话告知孩子们，其实我也是四川人，此刻又响起了雷鸣般的掌声。离场的时候，他们一直在有规律地鼓着掌，坐在边上的很多学生羞涩又兴奋地对我说："老师，您讲得太精彩了，谢谢阳老师。"

回去的路上，夜深了，更冷了，口也渴了，尽管老师们为我准备了热茶，我却只在结束后匆匆喝了几口，因为怕天冷，中途要跑厕所难堪，一直没敢喝。我迫不及待地敲下这篇文字，是觉得今晚收获最大的人是我，我收获了感动，收获了价值感。

【课后反思】

开讲座这件事对于我这样一位长期奋战在高中一线的教师而言，已经算是熟能生巧之事了，每一次，面对不同的主题、不同的受众，我却又都像第一次一样，重新准备，经验还是那些经验，但是角度和内容却要有所不同。这一次，我是在甘孜藏族自治州，面对高三的学生做了一节时长两小时的讲座，我虽然有过很多年的高考备考经验，但是由于我们已经经历过多次高考改革，也因为思政课本身的特殊性，其学习内容和学习方法一直处于与时俱进之中。当时四川省高考采用的是文综Ⅲ卷，这和广东省的Ⅰ卷略有不同，甘孜藏族自治州高级中学的学生学习水平也和省实的学生存在一定的差距，当天来听讲座的不仅包括高三的汉族学生，也包括高三的藏族学生。如何把握讲座的难易程度，使讲座有效有用？只是思考这个问题，我就用了两天的时间，不断找办法，不断调整方式，又不断推翻原有的想法，直到最后一刻，终于，底稿出炉。讲座结束之后，回来的路上，不断有路过我身边的学生恭恭敬敬地向我敬礼或点头向我打招呼，有大胆者，鼓着勇气对我说："老师，您讲得真好！谢谢您！"那一刻，我是幸福的，是知足的，虽然我并不认识他们，也许，这是我给这群孩子做的第一次，也是最后一次讲座，但没关系，能有机会在更多的地方，因地制宜地播下希望的种子，传播我的教育理念，能够有机会感染求学的学子，对他们的学习有帮助，就是我最大的价值所在。

碧血丹心　爱国如家

——记“弘扬中华民族精神”课堂瞬间

那是2008年的一天，一个平平常常的日子，我之前已经被告知，当天市教研室教研员要来我校进行教学质量抽查，但是按照往常的惯例，因为太早了，我们学校也不在市区，一般不听早晨第一节课，我为此感觉轻松了很多，因为我那天的课就是第一节课。没有像往常那样担心被抽到的压力，头天晚上，我做完手头的事情，坐在电脑前，开始备课。这一节课是讲“弘扬中华民族精神”，这是必修3《文化生活》第三单元的 节内容。这节课我也上过好几次了，每一次都有改动，但并不会大动，本来，我是打算在以往教学设计的基础上，更新一些内容就完成备课的，但没想到一坐下来找资料，我就停不下来了。2008年是不寻常的一年，我国第一次承办奥运会，神舟五号顺利升天，扬我国威；2008年又是举国悲痛的一年，天灾人祸，史无前例的大地震震碎了国人的心。在筛选资料的时候，我已经被一个个鲜活的事例感动得不能自已。我想着第二天有可能被抽查，但概率应该很低，我知道这节课在当时那个背景下我应该有很多话可以和学生互动和分享，我很可能讲不完这个框题的内容。如果我不讲那么多扩展的内容，只是落实课本的知识点，那么我应该不用一节课就可以讲完这个框题的内容，还可以留点时间给学生做练习。但是我不愿意放弃这么好的机会，于是，我饱含热泪，在电脑前，将以往的教学设计做了大修改。

当天上课铃响起的时候，我走进教室，却发现教研员已经坐在了教室后面，这让我有些意外，但并没有让我慌乱。是的，那天那节课，我不是表演给谁看的，我想上那节课，正好有专家在，可以给我更多的意见，这是一件好事。

当我把做好的图文并茂的课件展示出来，还原了地震中那些感动我们普通人的平凡事的时候，我提了一个问题："同学们，在这不平凡的2008年，作为青少年的你，认为应该如何去弘扬中华民族精神？"

这是一个非常平常的问题，在以往上这节课的时候，我也提过类似的问题，但这次不一样了，因为这一次，我是在2008年那样一年上那节课的。那节课，我还记得好多女生都在下面默默地抹起了眼泪，对于我提的这个平常而沉重的问题，好多学生不由自主地举起了手。

学生A说："老师，我觉得这节课让我又沉重又温暖，我为自己是一个中华儿女而感动、幸福，我知道不管我遇到什么困难，我的父母亲人、我的师长朋友、我的国家都会尽力去保护我。而这只是我在这节课上所能想到的，我之所以有勇气在此时此刻举起手，是因为我想和大家说，我感觉到我肩上的责任重了，虽然我不敢把自己想得有多么伟大，但是，我看到了我未来的一种方向和可能，就是身体力行去做好一件件对中华复兴有益的事，这就是我认为的我如何去弘扬中华民族精神。"

他说完以后，教室响起了雷鸣般的掌声，这个镜头直到十年后的今天，每每想起来，我依然很感动，也很庆幸，我当时选择了坚持，坚持在那样的背景下以那样开放的方式上那节课。

那个框题的内容不多，也不算难，但我没有上完，我给了后面想要分享心得的学生足够多的时间来和大家分享他们认为的该如何弘扬中华民族精神。

下课后，教研室突击来听课的张老师把我拉到一边说："我今天来，就是想听一下你平时是怎么上课的，所以一大早就来了，让你受惊了。但你这节课把我都感动了，比你上次市十佳教师决赛那节课更精彩。阳老师，这条路你要坚持走，我们思政课教师就是要用自己的知识去感染他人，让学生真正有所收获。今天这堂课很精彩，你要坚持这样饱含深情地去上政治课，这是你的课堂特色，我很感动。"

十年后的某天，习近平总书记在十九大会议上的讲话又一次深深地感染了我。2019年70周年国庆观看电影《我和我的祖国》的时候，我又一次深受感动。每当遇到这样的时刻，我就在想，如果我今天再来上"弘扬中华民族精神"这一课，一定可以比上一次上得更好，只因为现在的我，读过万卷书，行过万里路，比过去更加深情地爱着我身后这个伟大的国家。

这是一节让我终生难忘的课，因为这堂课，我的教学观都有了一定的转变，如我更加深刻地认识到了政治课上课的根本：只有内化于心，才能外化于行；不要为了40分钟去上课，也不要为了某一个框题去上课，而是要为了知识本身去好好地备课，认真地上课，用心去上课。时隔多年，我又上过一次又一次的"弘扬中华民族精神"的课。2008年的时候，我用的是汶川大地震中全民众志成城的事例去感染学生，我用的是神舟升天、北京奥运的例子去激励学生。在后面一次次再上这节课的时候，我用的都是当时当年最能体现民族精神的经典事例去感染和激励学生。就在我敲这段文字的两周前，我又上了一次"弘扬中华民族精神"，恰好，我刚刚看完电影《我和我的祖国》，刚刚参与了我校拍摄的宣传片《我和我的祖国》，恰好，我刚刚充满自豪地见证了祖国70岁生日。每一个时代都有鲜活的材料，它要求我们思政课教师善于去捕捉，善于去发现，与时俱进，只有最贴近学生、最体现时代的事例，才最有说服力。

这些领悟就是2008那一年，我上过“弘扬中华民族精神”之后最好的收获，也是这节课让我至今难忘的原因。

先天下之忧而忧　后天下之乐而乐

——记“价值的创造与实现”课堂瞬间

人生价值是我们每个人都必须去思考的问题，在必修4《生活与哲学》里有这样一课内容，就是和学生探讨人生价值的实现。2013年的那一天，我和往常一样上课，讲的就是这个内容。这个框题我也讲过很多次，每次我都会用当年的道德模范或者类似共和国勋章获得者这些例子和学生一起探究如何实现人生价值。一遍遍，一次次，对于这一课，学生都比较感兴趣。我听过很多公开课，老师们也比较喜欢选这一课的内容。为了上好这一课，我们可以选择的事例有很多，也比较容易打动和感染学生。每一次上这个框题，只要选取的材料足够好，就能成为一节不错的课。

2010年，我曾经以这节课参加了国家级同课异构赛课并且获得了一等奖。2010年，我还在担任班主任，我任教的班级是一个复杂的平行班，屡次大型考试都以垫底结束，当时我的整节课都以励志为主题，在课堂结尾，全班同唱一首歌，那是我们班的班歌，周杰伦的经典歌曲《蜗牛》。

那堂课是成功的，我也因此拿到了一个重量级的奖项。后来，我又在不同的情境中对着不同的学生上过一遍又一遍这节课。我喜欢这节课，喜欢支撑我这节课的所有恰到好处的素材。但至今为止，最让我难忘的是2012年的某一天，我上的这节课，当我上完课准备下班回家的时候，我看到我的办公桌抽屉里放着一张小小的纸条：

阳老师，首先我要告诉您，我很喜欢您的课，今天，您讲人生价值的实现，您所列举的人物和事例都很感染我们，但其实我很想知道作为一名教师，您知道我们如何看待您的人生价值的吗？期待有机会交流。

这是一个活泼开朗、有礼貌、会思考的女生，以前在我的课堂上也积极地回答过问题。做了这么久老师，这是又一次我开始思考以下几个问题；

第一，学生对什么最感兴趣？除了只能在媒体上看到的伟大人物以外，他们是不是对身边的普通人的事例更感兴趣？媒体的知名人物的事例是能够通过大众媒体查找到的，而普通人的故事却是互联网所无法查找到的。有可能，做一名对国家对人民有巨大贡献和影响力的人是我们大多数人一生追求而不一定能达到的目标，不是所有人都能通过努力成为屠呦呦，成为袁隆平，成为黄旭华，成为马云，那么普通人就不能实现人生价值了吗？如果答案是否定的，那么是不是可以在将来选取事例的时候，选一些学生最熟悉的普通人的事例，让学生在平凡的生活中感受普通人的人生价值呢？

第二，我讲了无数次和人生价值有关的政治课，却从来没有和学生交流过我自己的人生价值，甚至没有认真思考过我的人生价值。看了学生的留言，我也很好奇，作为他们的政治老师，我在他们眼里到底是如何实现我的人生价值的呢？于是我又有了大胆的想法：首先，在政治课堂上，除了展示我们以为的，可否让学生更多地来谈谈他们以为的？其次，我们的政治课堂能不能不仅限于这40分钟？我们的课堂还可以有些什么形式？

这两个思考对我后来的政治课创新产生了巨大的影响，所以非常难忘。过了很多年后，省实的政治科课程转型的成果陆续开花结果，我依然常常想起这堂课，想起学生课后留给我的那张小小的却牵动了我心的纸条，想起若干年后，这个女生去了香港中文大学求学。有一天，她发微信给我："阳老师，好想念您的政治课啊！您最近还好吗？是这样的，最近我们学院在做一个活动，其中有一项就是寻找身边的女性榜样，我想来想去，首先就想到了您，所以，您可以配合我接受一下相关的采访吗？"

那一次，这个女学生对我提了很多个问题，通过她的问题，我了解到原来自认为甚是平凡的我，对他们的高中生活产生了那么多影响，我在他们的眼里也是学习的榜样。女性要自立自强，要努力工作，也要精彩生活。那次课以后，在上其他课的时候，只要有必要，我都会和学生分享一下我的工作和我的生活，在这些分享中，学生认识到原来在他们眼里雷厉风行、说一不二的铿锵女将阳老师，也是一位热爱生活、擅长厨艺、四处旅行、喜爱阅读的女性；原来阳老师不仅喜欢讲政治，也喜欢写散文，不仅有专业论文发表，更有自己的个人公众号（只是分享自己的随笔）。更多的学生从教师的身上看到了普通人的人生价值。在那一次采访中，这个女学生问了我若干个问题，后来我看到她整理出来的稿子，忍不住哈哈大笑起来，原来，我在学生眼里竟然比自己以为的美好太多了！

这节课让我感到幸福，也让我收获很多，对我后来政治课的创新和实践都产生了很大的影响，是我非常难忘的一节政治课。

用于有节 取于有制

——记“投资理财的选择”课堂瞬间

就在前不久，我上了一节课，必修1《经济生活》的第六课“投资理财的选择”，在导入的部分，我选取了知乎上的一个热帖：“假如你有500万元，是否会都放在余额宝里，从此过上财务自由的日子？”

我请了班里的A男生来回答，A男生是一个学业优秀但比较内敛的男生，他的同桌B是一个性格不错、成绩较差的男生，但二人相处融洽。

A说：“老师，我认为这个问题要分人的，如果是B的话，我觉得他一分钱都不会放在余额宝里，他应该会全部放在股票里，这才符合他的性格。如果换了我，应该也不会放太多在余额宝里，因为收益率太低，我也不会投资股票，因为没时间、没兴趣去经营，大概率我会把大部分钱放到银行去存定期，最好是五年以上的，利率比余额宝高，又不需要我操心，我的物质欲望也不是很强烈，这样我就有精力去做我自己感兴趣的事情了。”

大家注意到没有，A不愧是一位学霸，他在回答这个问题的时候，已经对于投资理财知识有了一定的了解，所以他的回答有术语，也有一定的道理，并且他还将投资理财方式的选择和人的性格联系在了一起，不得不说，这确实也是影响人们选择投资理财方式的因素之一。对于这个亮点，我自然会适时地加以点评和鼓励。当我表扬了A以后，B同学主动举手说他有话要说，于是我把B请了起来。

B说："老师，我不完全赞同A的说法，首先，我的性格并没有那么激进，我也有佛系和稳妥的一面，所以我会投资股票，但不会是全部。"

我问："那你将投资多少到股票里去呢？"

B想了想说："大概不会超过200万元。"

我接着问："剩下的300万元是准备捐献了吗？"

全班都笑了，B非常淡定地说："捐献是可以的，但一定不是300万元，剩下的钱我会分散投资。比如给全家人买一份保障健康的保险，买一些定投，如果有渠道，我会买一点股权，至于余额宝，可能就放个50万元吧，毕竟随时可以取出来。"

大家看到没有，B同学的投资理财途径提到了书本上没有写的股权，并且提到了分散投资的原则，他的回答还包括了对保险和余额宝投资特点的初步认识，非常好。

这时，T同学举手了，T同学有什么特点呢？此君的思路和一般的学生不一样，喜欢回答问题而且擅长长篇大论。每次上课提问，对于他的举手，我都比较谨慎，如果视而不见，势必会挫伤T同学的自尊自信，这是不可取的；如果等他滔滔不绝，整节课也就差不多了，而且，不回应不行，而回应又容易引发双方辩论。但我还是请他起来回答了。

T同学说："我如果有500万元，我只会去做一件事，那就是买房，当然最好是圈地、盖房子，再卖房子，这样我可以赚更多，老师，刚才那些理财方式的回报都太少了，还伤脑筋，所以，我的500万元会全部拿去买房。"

面对这样的回答该怎么办？T同学说完后，还有学生附和他，表示可行。

我说："我想起这些年我和先生吵过的架，有一些就是因为当初我想买房而被他阻止了。这说明在过去的一些时候，我们老百姓确实看到了买房使部分人富起来的事实。所以这样的现象也影响了我们大家，包括你们。这些年，政府为了控制房价采取了很多措施，而房价也被控制在了至少不涨的范围。而你们之所以体会更深，是因为我们在一线城市，供求关系也影响了我们这些城市的房价，成效是有的，我们不能忽视。十九大之后，习总书记再次提出了一个观点'房子是用来住的，不是用来炒的'。所以，时代不同了，正确的投资也需要我们认真解读党和国家的最新政策，这样才能降低血本无归的概率。投资有风险，且投且谨慎。"

全班响起了掌声，T同学也闭了嘴，默默地坐了下来。我希望通过这节课，学生能树立正确的投资观、人生观和价值观。

在本课的结尾，我再次把知乎上那个热帖拿出来，问："同学们，经过本课的学习，我们再来思考这个问题，你有了些什么新的想法吗？"

学生C说："首先，我们要有500万元"

这个话没毛病，我是怎么接的呢？

我肯定了C同学的回答，我说："你说的这个是我们谈所有投资理财方式的大前提，我认同，那么问题来了，如何才能先有500万元，再来谈投资呢？"

学生纷纷表示，要努力学习，提高自身素质，有本事赚到这500万元。

【课后反思】

这堂课有课堂预设实现了的地方，也有超出预设的地方。很难忘的地方是刚才文中记录的两处，因为学生的回答让我眼前一亮。他们的回答未必会如我们的预设，甚至有超出教材本身却紧贴现实的地方，有些回答甚至算是比较尖锐的，然而整堂课上下来，气氛却是轻松的，师生都有所获，我想，这节课让我很难忘。我们讲投资理财，不仅讲了书本上几种常见的理财方式，还引发大家去探讨目前到底还有哪些理财的途径。我们讲思想政治课，不能因为害怕学生说错话就不让学生说话，而是要引导学生树立正确的三观，寻找正确的道路。投资理财需要因人而异，也需要统一思想，紧跟时代步伐，做出正确的选择。

色彩斑斓　丰富多彩

——记“文化的多样性”课堂瞬间

去年的某一天，上了“文化的多样性”这一课，教材的知识架构从文化多样性的表现到文化多样性的意义出发，最后的落脚点是如何尊重文化的多样性。在备课的时候，我一边喝着刚磨好的黑咖啡，一边吃着刚出炉的小蛋糕，厨房里炖着女儿最爱喝的绿豆鸽子汤，锅里的粉蒸牛肉飘来阵阵的香味。嗯，这是一个美好的午后，明天是周一，我要讲“文化的多样性”。脑子里突然冒出一个想法，这节课我就围绕美食来谈文化多样性行不行呢？这么一想，我开始在脑海中搜集素材，曾经读过汪曾祺的一系列书，好几本都谈到了美食，梁实秋也写过《雅舍谈吃》，他们写的不就是我们老百姓的一日三餐吗？各地有各地的风味，同样都是羊肉，南北方的烹饪方式大有不同。南方人吃羊肉，喜欢和腐竹同焖，羊肉不去皮，南方人认为羊肉皮甚为好味；北方人吃羊肉，必去皮，手抓羊肉、红焖羊肉、烤羊肉串，没见过带皮的，也没见过和腐竹同焖的。都是美味，却各有千秋。南北方过节都要吃美食，即便是月饼和粽子也大有不同。身在广州，以莲蓉蛋黄月饼最是广为流传，身为巴蜀人民，却理解群众对麻饼的执着，本人最爱的是苏式月饼，那一口下去，满口酥香。因为爱吃，所以我也会做苏式月饼，会做之后，理解了那层酥是怎么来的，便吃得少了。

之所以对美食有如此研究，当然不仅仅是因为看过几本有关美食的散文集，我看这几本散文集，最初也是因为我本身就对美食有比较浓厚的兴趣。毫不夸张地说，我是选择了教师行业的美食家，也是业余厨娘中的专业选手。美食是我擅长的领域，我完全可以以这个为切入点和学生谈谈文化的多样性。

思路有了，而且有胜券在握的感觉。这节课，我以美食文化为主线，讲了文化多样性的表现、特点以及推动文化多样性的意义。本课最大的亮点是在讲解知识点"文化是民族的，也是世界的"的时候，我展示了很多美食图片，让学生猜是什么菜系，西餐、越南菜、川菜、湘菜、粤菜、潮汕菜、蛋糕、面包、包子、油条……学生猜得热火朝天，最后我放了一张图，是我前两年给一对新婚夫妇做婚礼蛋糕的照片。我告诉学生："刚才大家猜的菜系都很对，而这些各种各样的菜式都是阳老师私厨出品，它们从世界各地来到了我的厨房和餐桌，文化是民族的，也是世界的。"

本来这节课学生就很感兴趣，因为选取了美食这个切入点，再加上这一点睛之笔，文化多样性的道理就讲得清清楚楚了，同时我还宣传了自己，让学生惊叹：啊，原来我们的阳老师还是一位美食家啊！

一节课下来，师生皆回味无穷。我选取了师生都感兴趣的话题，又选择了自己所擅长的领域，一节课生动有趣，既提高了学生的兴趣，也成就了自己，教学目标也得到了较好的落实。我不仅会吃、会做美食，还看了不少有关美食的优美的散文，上课的时候，很多段子、句子脱口而出，恰到好处。

后来，市教研室的专家们到我校听课，正好也是讲这一课，我将当时的这个课件更新、完善、升级了一下就去上了。课后，专家评价我的这节课：“你的文化课上出了浓浓的文化味，充分彰显了个人的情感教育特色和教师个人的教学魅力。希望你逐渐形成并发扬光大这一教学风格，更加凸显你以情感人又不乏理性思辨的教学特色。”

他山之石　可以攻玉

——关于思政课灵魂的思考

我上过很多节课，也听过很多节课，印象很深的课都有一个共同的特点：具有鲜明的特征。例如，2008年我在和全国各地教师参与同课异构的活动中听过一位来自上海的女老师上的课，我们上的都是同一个课题《人生价值的创造与实现》。异构前，我认为自己的这堂课应该是很好的一节课了，尤其在这位老师上课前，我们拿到了大家的教学设计，她的教学设计简简单单，看起来平淡无奇，我当时松了一口气，觉得自己的设计应该是很好的了。当时抽签，我是第一个上课的老师，她是第二位。我上完课后觉得很轻松，于是开开心心地走进了教室，决定把接下来的课都听一遍，找找差距，好好反思。当我走进教室的时候我看到了一位朴实无华的中年老教师，当时的我和她相比，还算是一位朝气蓬勃的年轻人，年轻人有年轻人的优势，我十分好奇：这位老师会把课上成什么样子呢?

时间一晃就过去了很多年，直到今天，我依然记得当时我拿到她那份简简单单的教学设计的时候那种波澜不惊的心情以及我听完课后那种波涛起伏的心情，两者之间形成了鲜明的对比，我至今很难忘怀当时那节课对我的影响。

如今想起来，我已经不太记得在那节课上她都讲了些什么，但我永远都不会忘记那节课教给我的一个道理：一节优秀的政治课，不是仅仅靠鲜活的事例去支撑理论的，也不是仅仅靠华丽的语言去支撑的，一位优秀的政治教师，一定有深厚的理论功底，可以把任何一节看似平常无奇的课上得深入人心。后来我们在集体评课的时候，大家都反复多次提到了这节课，总结起来就是如涓涓细流，浸入人心。这位女老师遇到课堂突发情况不急不躁，不慌不乱，一切都恰到好处，每一句都是娓娓道来。她不讲大道理，但是她讲的又都是大道理。

这节课之后，我开始思考我该如何成为一名有深度的教师。在离开了大学校园多年后，我第一次开始认真地思考是不是应该再一次提升自己的理论修养。如果没有更深厚的理论功底，我的授课水平就无法有长足的进步，于是我开始购置相关的书籍。在后来的多年时间里，我养成了每年阅读两本教育理论书籍的习惯，还有定期阅读政治学科杂志的习惯。在没有机会身临其境去向他人学习的日子里，我就通过书籍来完善和提高自己的理论修养和教学功底。

不积跬步，无以至千里，到了今天，我依然不能说自己的理论修养达到了一个质变的高度，但是长期的量的积累，再回首看十年前的我，看十年前我自认为已经很好的课，不禁生出了很多感慨。此刻我在码字的时候，也在省政治优质课大赛的现场听课，我在反思自己上过的政治课以及我听过的所有的政治课。一直以来，我都在寻找思政课的灵魂，大概我认为的那个核心和灵魂应该是“思想”，是“厚度”。

也是很多年前，我在珠海听过一节思政课，是一位来自浙江的男老师上的一节课。他讲的课题是《博大精深的中华文化》，这是人教版必修3《文化生活》中的一节课。《文化生活》是一本我印象特别深刻的书，记得当年新一轮课程改革的时候，这算是一本全新的教材，之前的高中思政课体系里并没有这个板块。我还记得我第一次翻开必修3的时候就在想，知识点不难，甚至感觉比其他模块都要简单，但同时又觉得有些无从下手，仿佛要讲的话可深可浅。一开始授课的时候，有一些章节我都是将内容合并，觉得一节课的容量对于某个框题来说，实在是有点多。一开始的时候，不管什么级别的公开课，我都不会也不建议我身边的政治老师选取这个模块来上课。有时候我自己上课，还会把"源远流长的中华文化"和"博大精深的中华文化"这两个内容合二为一，压缩为一节课的内容，但是当时这位浙江的男老师给我们上了一节精彩的"博大精深的中华文化"的示范课。

这堂课留给我最深的印象是这位老师深厚的文学修养，整节课他都是从"和"这个字展开："和"字的前生现世，"和"字的演变和多角度的含义。通过这节课，我不仅更好地理解和认同了中华文化的博大精深，也有了对于思政课该如何上好的一些新的体验。

上好思政课，关键在教师。任何一个框题，都需要教师用深厚的功底来认真打磨，而不是觉得知识点本身比较简单就匆匆结束，更不能因为赶课就三步并作两步去教。思政课教师不仅要教给学生知识点，更要引导学生去认同，这就是政治课核心素养里谈到的政治认同——要使听课者深深认同。

这节课对我的影响是里程碑式的，我开始认真思考如何才能通过课堂来提高学生对于思政课的认同感。思政课要上得有认同感，教师首先要有深深的认同感，一节让师生有认同感的政治课，一定是有底蕴的政治课。

这节课之后，做一个有底蕴的思政课教师成了我努力的目标，虽然到目前为止，我还没有达成我的目标，但至少在这节课之后，我开始行动了。这几年，我开始走上了继续学习的道路，不仅通过阅读来积累我的知识"厚度"，也通过各种培训和交流来提升自己的教学"厚度"。我阅读的书籍的面开始广了起来，量也开始多了起来。我读《新资本论》《货币战争》《大国战略》《邓小平理论概论》《习近平谈治国理政》《哲学的故事——哲学就是这么有趣》《明朝那些事儿》，读汪曾祺系列，读张恨水系列，读魏书生系列，读卢梭系列，读课程论相关书籍，读《教师的专业成长》……我的书单很多，涉及的范围很广，虽然离我的目标还有很长的距离，但是我感觉到我的课思想性高了，思考角度多了，理论性高了。再回过头去回味这节让我难忘的课，我想，这位男老师一定是一位对文学有着浓厚兴趣，因为阅读和积累对中华文化的博大精深有更深刻理解的老师，否则，他的课不会让我觉得有如此深厚的底蕴，直击灵魂深处。也是这堂课让我开始重新审视人教版必修3《文化生活》这本书，开始重新考虑如何上好这本书，我原先觉得一本浅显易懂的书变得厚重起来，它开始变得不一样，后来有好几节我感受颇深的课都来自这本教材。所以我将这节课称为一节里程碑式的课是不无道理的。

阳珂工作室省骨干教师难忘的思政课集锦一

一节好的思想政治课有很多标准，有激情澎湃的宣讲，有如涓涓细流的引导，有逻辑严谨的分析，有人格魅力的渲染。不同的教师有不同的风格，不同的风格也能达到不同的效果。

在日常教学实践中，一节好的思想政治课教师不仅要研究学情，注意从学生的实际情况出发，又要把握章节之间的联系，巧妙突破重难点，将知识讲授到位。更重要的是，一节好的思想政治课还要贯彻党的治国理念、方针，将国家的最新政策、思想传播至课堂，让学生的知识与道德互相生长，将核心价值观内化于心、外化于行。

我上过很多课，从高一到高三，从新课到复习课，从常规课到公开课再到比赛课。这期间优秀的课也许有，但我印象最深的是自己从教第一年上的一节青年教师比赛课。当年那个赛课我的选题是《中国共产党的执政：历史和人民的选择》。因为是第一次在学校比赛，所以对名次看得还挺重，为了教学顺利进行，防止学生在课堂中出现不会回答的情况，或者被学生提出的“意外的问题”破坏课堂节奏，我在正式上课前给对应的班设置好了几个问题，并且将问题提前一天告诉全班学生，让学生预习课文，提前构思答案……还拿了四个不同的班来预演。不出意料，赛课非常顺利，我提出每一个问题，学生都能脱口而出地给予我想要的答案，并且声音齐整、响亮，课堂节奏也在把控之内，讲完最后一句话，下课铃声随之响起。我当时信心满满，这一等奖该是稳拿手中了。第二天结果出来，我那节课获得三等奖，也就是说那节课在所有参赛课中是不入流的几节课之一。我当时很纳闷，但也隐隐约约感觉到了关键问题所在，那节课追求表演的效果，问题抛出后，学生完全不需要思考，并且无一学生不会回答。问题的设置是最浅层次的书本知识，属于你问我答的浅表问题，整节课设置讨论了三个问题，这三个问题全属于同一水平，没有递进、剖析，也没有逻辑的推进和演绎，只是告诉学生一个结论，或者让学生告诉我一个结论。因此这是一节失败的课是一节思维含量低下的课。

那次赛课犹如一记响亮的耳光，这十几年来一直印刻在我的心头。当然，年轻的时候容易犯肤浅的错误，深层次的逻辑推理需要在理论学习和课堂实践后，反复地总结、思考和精进。所以这几年有了一些累积后，我的思政课堂少了热热闹闹的表象，更多的是关于知识重难点的突破和逻辑思维的演绎，虽然能力还需要进一步提升，但是已经有了进步。譬如去年上的“股票、债券和保险”公开课时，我把知识难度较低的一框题设置为从投资者（居民）的角度看有什么投资方式？这几者的性质、风险、收益有何异同？如何把握投资原则？从融资者（企业）的角度看有什么融资方式？（可以去银行贷款）银行不放贷，怎么办？（发行债券）目前企业杠杆率过高，怎么办？（发行股票）不同的主题、不同的问题，层层推进，比较好地体现了思维发散，学以致用，将理论与实践相结合，并且引导学生不只为成绩而学习，更要关注国家大事，关心生活小事，提高政治参与素养，使党和国家赋予思政课教师的使命在每一节课堂中渗透、生根、发芽。

当下要当好一名政治课教师就要沉稳、灵动，坚守与突破是最重要的灵魂。

思政课是一门具有强意识形态属性的课程，思政课教师与其他学科教师不一样，必须紧跟时代步伐，贴紧党和国家的方针政策，自觉研读各种方针路线，以不断更新自己的思想，为党和国家发声；要对国家立场有坚定的信仰，不仅要做学生的表率，而且要做其他学科教师的表率，将国家的方针路线传达给学生，浸润学生心田。

中学校园似乎与外界隔绝，但处于这个能量澎湃的时代，信息大数据和AI技术的夹击，外国势力和思想的渗透，五光十色的世界文化激荡，对每一个人来说都是极大的诱惑。思政课教师需要做好自身的免疫，需要有坚定的立场和稳固的决心来培育祖国需要的人才。我们要时刻清醒身上的使命，要为学生扣好人生的第一粒扣子，那么我们自己的扣子首先要自己扣好。

阳珂工作室省骨干教师
难忘的思政课集锦二

记得有一次上高一《经济生活》的“消费及其类型”这一框题，这节课令我印象深刻。

我校的学生大多住校，学生父母每个月要给他们零用钱，用于学生在学校的衣食住行。所以这节课，我没打算先抛出课本理论知识，而是先来开展一个小调查，简单计算，分组讨论，按照下面几个步骤进行，让学生先在情境活动中感受，最后再来提炼总结与课本有关的知识点。

（1）请大家粗略计算一下家里每个月给你的零花钱有多少，用于饭堂充卡（吃饭）的有多少，剩下的钱又用到哪去了。（这是为了归纳总结出影响消费的因素和恩格尔系数。）

（2）再帮忙看看老师的：工资约5800元，还房贷2000元，剩下的我用于日常开销支出。我这样算超前消费吗？为什么？（方便引出消费的类型以及对超前消费的定位和评价。）

（3）请一些学生来分享他们的收入情况和消费支出明细，这样可以让学生体会到“有多少钱，办多少事”。再增设一个情境：父母这段时间生意盈利很多，打算从下个月开始将你的零花钱额度提高一倍，你又打算怎么花钱？（这样设置问题主要是能更鲜明地对比出收入的不同会直接影响消费。）

（4）由于饭堂重新装修，环境档次升级，饭堂老板打算将食物涨价。原来12元的午餐现在要15元，原来的新鲜水果一份6元，现在要8元，那么大家下来会有什么消费调整吗？（用一定的情境刺激学生，让学生产生反应，这个环节是让学生更深刻地体会物价对他们消费的影响。）

经过一番计算及有趣的展示和分享，学生在欢乐声中对自己的消费有了初步的了解，同时也意识到经济生活原理与生活息息相关。

最后，提醒学生回到课本：我们日常生活中的这些消费其背后所蕴含的经济生活知识是什么？从课本找出答案：影响消费的因素和消费的类型。从情境活动中来提炼课本知识，学生会对课本理论知识有更切身的体会，更容易去理解和转化为自己的认知，提高知识水平与能力。

希望以后能有更多的令学生和自己难忘的课。

作为思政人应该怎样去看待思想政治课？在日常的教学工作中，教师有时容易沦为教书匠，只负责传播知识，过分追求分数，为了分数而忽略了能提高学生综合素质的活动，也忽略了思政课更深的意义。在当今时代，思政课教师更应该好好反思一下自己，全面认识思政课各方面的要求。一切伟大的事业都需要合格的人才来完成，青少年是祖国的未来、民族的希望，上好学校思政课，事关中国特色社会主义建设，是培养一代又一代社会主义建设者和接班人的重要保障。在这个问题上，思政课教师必须提高政治站位、深化思想认识，必须旗帜鲜明、毫不含糊、理直气壮地上好思政课，把立德树人的根本任务真正落实到位。在培育时代新人这一块，思政课教师应该担负起更大的责任，投入更多的精力，认清自己的角色，并且知行合一，不断前行！

阳珂工作室省骨干教师
难忘的思政课集锦三

作为教师，我们都知道试卷评讲课是比较无趣的，但有一节评讲课却让我记忆犹新，并时刻提醒着我、鞭策着我，对我的教学产生了深刻的影响。

记得那是我带的第一届高三，一次以哲学为内容的月考，大部分学生的成绩都不理想。试卷评讲课上，教室里的气氛很是凝重，有点哀鸿遍野的感觉。这感觉很不好，太不利于教学的开展，我得想想办法！

一道考核矛盾的基本属性的选择题，学生对“矛盾的同一性以斗争性为前提”这一选项表示无法理解。这时，我眉头一扬，以走T台的姿态往前一站说：“你看，没有我的美，怎么会有你们的丑呢？”听了这话，学生发出不服气的嗤之以鼻的笑声。我继续唱高调：“我并非自恋狂，只是实事求是而已。（学生哄堂大笑起来）正是由于我们美与丑的斗争性，才使我对你们特别有吸引力，才能造就我们班这个和谐的统一集体，也即矛盾的同一性。”学生在我的调侃中理解了知识的奥妙，凝重的课堂气氛瞬间得到了缓解。原来拿自己开涮可以取得这样神奇的效果，不但激活了课堂气氛，还拉近了师生间的距离，改变了教师在学生心目中那种严肃、学究的形象。

评讲到关于哲学的两大基本派别的一道选择题时，我找做错的学生回顾“如何划分唯心论与唯物论、可知论与不可知论”，发现平时比较好动的甲学生突然低着头专注于桌底下，似乎在搞小动作。突然我灵机一动，冷不防来了一句：“甲同学，你在玩手机！”全班学生一愣，甲学生也有点措手不及，但他很快反应过来，反驳道：“我没有！”见他嘴硬，我立刻义正词严地说：“你说我能不能知道你在玩手机？大家说。”“能！”学生立刻附和。我接着做出了哲学上的分析：“对，甲同学，你的行为、举止、神态已经出卖了你，世界是可知的，我们应该是一个可知论者。”全班学生笑。但甲学生摆出很是冤枉的样子，说：“我承认开小差，但我真的没玩手机！”“我觉得你在玩你就在玩！”我强词道。“那老师你是个唯心论者，不是真正的可知论者！”他这一超快的反应很出乎我的意料，使我不得不对他刮目相看，也证实了他应该是没玩手机。于是我立刻自我解围，笑道：“反应够快，不错！看来我刚才确实是一个唯心论者。我不会向班主任打报告的，别紧张！这叫作不做亏心事，不怕夜半鬼敲门！”全班学生笑，并报以热烈的掌声。这笑声和掌声已清楚地告诉我，学生已很好地理解了唯心论与唯物论、可知论与不可知论。

我第一次发觉，政治课原来可以这样上：利用所学的知识，捕捉课堂的即时情境，有理有据地和学生辩论，既活跃了气氛，又巩固了知识。

记得还有一道考核“静止与运动关系”的题，材料是赫拉克利特与他的学生克拉底鲁的著名对话：“人不能两次踏进同一条河流。”“人甚至一次也不能踏进同一条河流。”学生的做错率高达90%，可见他们对这两个观点的理解是一窍不通的。我正困惑着：我该如何给学生分析这两个观点呢？这时，教室旁边被污染的河道——文楼坑激发了我的灵感。“我们能不能踏进这文楼坑？”学生毫无疑问地给出了肯定的回答，也就否认了克拉底鲁的观点，明确了事物是相对静止的，论题夸大了事物的绝对运动性。“但是我们这一刻踏进的文楼坑与下一刻踏进的文楼坑会不会是一模一样的呢？”对这个问题，很多学生就有了争议，也就是对赫拉克利特观点的疑惑不解。我顺势引导：“你这一刻踏进文楼坑，从你脚边流过的可能是一只死鸭，但下一刻踏进文楼坑，从你脚边流过的可能不是死鸭而是死鸡了。”学生听了这个浅显的描述，会意地大笑起来。再稍做分析，他们对赫拉克利特观点的疑惑也就迎刃而解了，抽象的知识瞬间显得鲜活而形象。留意身边的生活并灵活运用，会给我们的教学带来意想不到的惊喜。

这一节评讲课由开始的凝重沉闷，到后来的笑声不断，既轻松愉快又干货满满，下课时我特别有成就感。反思这一节课，能取得这样的效果，主要是因为自己当时不是为教学而教学，而是充分调动大脑细胞，挖掘身边的每一个可利用的资源去教学。记得苏霍姆林斯基说：“教育的技巧并不在于能预见到课堂的所有细节，而是在于根据当时的具体情况，巧妙地在学生不知不觉中做出相应的变动。”这就充分考验了一个教师的教学技巧及教学机智，这也应是我们每一个教师专业发展的追求。因为教学如果只是预设的“教材剧”或教师的“独角戏”表演，课堂也就失去了生命的灵气。这节课后，每每上课，我都力求多关注课堂本身的资源，特别是正在发生着的课堂情境，多将理论知识应用于师生身上来解读、分析，尽可能让每节课都有笑点。

阳珂工作室省骨干教师难忘的思政课集锦四

加入阳珂名师教师工作室后，我听过的所有跟岗学习的课基本上都是让我难忘的课，因为通过这些课我开始反思：我在那自以为是的十几年教学生涯里都教给了学生什么东西？珠三角地区的学生和粤东、粤西、粤北等落后地区的学生在相同的高考制度下，差距除了来自经济，更来自教育理念。

要说我最难忘的一节课，该是广雅中学张道风老师上的一节课。这是我加入阳珂名师工作室后跟岗学习听到的第一节课。张老师上的是旧教材《经济生活》中的第六课第一框“储蓄存款和商业银行”，她上课的容量很大，语言简练、语速很快、时政性很强，作为一名教师，我坐在下面听着都应接不暇。课上，她在给学生讲利息的计算时还提到了复利，这是我从没给我的学生讲过的。我们那儿的学生基础不是很好，上课内容基本上照搬书本，学生能明白就好。但张老师在经济学方面的专业性很强，容量那么大的一节课，她的学霸学生非但没有听不明白，反而听得饶有兴趣。当然，听得饶有兴趣的还有我。听完张道风老师的课，我又重新读起了《西方经济学》

《国富论》等书。因为重读了这些专业书，我理解了高考试为什么每年都考需求、供给曲线：需求、供给曲线是西方经济学中最基本的知识。也因为重读这些书，我对高一《经济生活》有了更深层次的理解，我给我的学生讲课时，更容易把握和更深入浅出了。

不能说张老师讲的课是课堂整合得很完美的课，其实她的专业性、课堂容量大、难度较高不是我能仿效的。但她的课让我从此不再局限于高中课本知识，让我找到了高中与大学课程的联系，从而也激发了我的学生对大学里的金融学、经济学专业浓厚的兴趣，这对我而言，就是最大的收获，我相信她的学生听了那一堂课也会印象深刻。

一节课，如果能点亮学生心中那簇想要去探究的小火苗，我觉得就算是成功的课。张老师的课让我领悟到，行云流水的背后透着深厚的功底，在云淡风轻中讲清一个小小知识点的背后，一定是对这个小知识点钻研得很深很透也很广，这背后下的功夫、花费的时间是一名高度负责的高素质教师才做得到的。

阳珂工作室省骨干教师
难忘的思政课集锦五

现在教育提倡培养学生的核心素养，不同的学科重点培养学生不同的学科素养。我认为作为教师，特别是一名思想政治课教师也需要具备自己的素养，其中突出的是教育情怀、专业素养、教学艺术和创新精神。这次有幸赴鹏城观摩第二届广东省中小学青年教师教学能力大赛高中思想政治学科决赛，从参赛的老师们身上我深刻体会到这四种教师素养的重要性，获益良多。

一、执着的教育情怀

著名教育家陶行知先生说过：“捧着一颗心来，不带半棵草去。”教师职业有别于其他任何职业，其教育对象是具有个性特点的个体，是一个个活生生的人，因此作为传道、授业、解惑的教师就必须拥有正确的三观。正如习近平总书记所讲，作为要给学生心灵埋下真善美种子的思政课教师，人格要正，有人格，才有吸引力。亲其师，才能信其道。教师要有堂堂正正的人格，用高尚的人格感染学生，赢得学生的尊重，用真理的力量感召学生，以深厚的理论功底赢得学生的信任，自觉作为学为人的表率，做让学生喜爱的人。

参赛项目之一是教师的素养演讲，其中有老师讲到“一节难忘的思政课”，让我印象深刻的是老师们把自己的教育情怀融入了自己的教育教学，把每个学生都当作独一无二的珍品，用多元智能理论去看待学生，眼中不只有分数，更是因材施教，让每个学生都能开出美丽的人生之花。

二、扎实的专业素养

专业素养是教师赢得学生尊敬的前提条件之一，也是教师成为名师的必备条件。教师的专业素养虽然在大学中奠定基础，但更要在教学实践中不断锤炼完善，形成个人的风格。习近平总书记提道，作为一名思想政治课理论教师，思维要新，要学会辩证唯物主义和历史唯物主义，创新课堂教学，给学生深刻的学习体验，引导学生树立正确的理想信念，学会正确的思维方法；视野要广，有知识视野、国际视野、历史视野，通过生动、深入、具体的纵横比较，把一些道理讲明白、讲清楚。作为思政课教师，我们要用自己正确的教学思想去引领学生，帮助学生真正扣好人生的第一粒扣子。

在赛场上，年轻的教师虽然教学时间有长有短，但展现出来的学科专业素养都让人大为惊叹。简短的六分钟时政开讲，从宏观的国家层面的“国家治理体系、治理能力现代化”到微观的老百姓生活的“五问猪肉价格”，从大众关注的“中美贸易摩擦”到大家都蒙圈的“区块链技术”，老师们都娓娓道来、言简意赅，把问题剖析得深入透彻。

三、娴熟的教学艺术

教学既是一门科学，也是一门艺术，教师要自觉遵循教育教学规律、学生身心发展规律、人才培养规律，深入研读教材课标，悉心备课，科学准确地向学生传授知识，培养学生能力。

思政课一直都被冠以晦涩难懂、沉重难读的帽子，学生对这门课程避而远之，总认为是讲大道理。但是现在通过课程改革，教材更加贴近学生的生活，但依然需要教师不断增强思政课的亲和力、针对性。教师要坚持政治性和学理性相统一，以透彻的学理分析回应学生，以彻底的思想理论说服学生，用真理的强大力量引导学生坚持价值性和知识性相统一，寓价值观引导于知识传授之中；要坚持建设性和批判性相统一，传导主流意识形态，直面各种错误观点和思潮；要坚持理论性和实践性相统一，用科学理论培养人，重视思政课的实践性。

这次比赛中老师们都展示了一节自己比较成功的常规课，在课上，不少老师精心设计，把原本晦涩的政治理论，结合学生的生活实际、学习实际，开展如华为生产商及供应商的竞赛、模拟WTO会议、寻找最佳创业地等简短有效的实践小活动，让学生在活动中去理解经济全球化、建设现代化经济体系等理论，寓教于乐，深入浅出，效果明显。

四、与时俱进的创新精神

当今社会发展日新月异。新课程理念背景下，师生不再是单纯的课程传授者与接收者，而应成为课程的主动参与者和开发者。教师要变教教材为用教材教，从课堂主角变为配角，从台前退到幕后成为学生学习的组织者、引导者、激励者和合作者。

此次比赛中，许多老师悉心设计教学，把课堂交给学生，让学生用各种手段、各种途径去获取相关知识和材料，发挥自己的所长，融入老师设计的课堂活动。我印象比较深刻的是一位老师抽取到的近年新兴起的传媒班级，他很有想法地让班级学生以“核潜艇之父”黄旭华为例，设计微电影的脚本。这正符合班级学生的特长，学生虽然是临时接受任务，但小组合作默契，气氛非常活跃、热烈，展示环节更是展现了学生优秀的专业素养，赢得了热烈的掌声。在这个活动中，学生通过设计脚本深刻地感受到黄旭华老人那种家国情怀，触动心灵，实现了思政课立德树人的教学目标。

通过这次观摩，我对于教师的核心素养，特别是思政课教师的学科素养有了更加深刻的体会，在接下来的工作中，我依然要加强学习，要不断提升自己的素养，在学生人生关键的“拔节孕穗”的青少年时期，真正做好引导和栽培工作，成为其人生道路上的“明师”。

感谢好多同行的无私奉献，给我聆听，让我学习，引我反思，我越来越觉得，一节好的政治课要因地制宜、因时制宜，不同年级不同学情，具体问题具体分析，但总的方向是一致的。一堂课能够引导学生有效思考、掌握知识、情感认同就是好的政治课；能够引起同行反思，引导政治科目的教学方式方法的真正革新便是好的政治课。而这条路，还太长，我只谈得上刚刚起步，愿与同行携手共进。

4

第四篇

思政课堂的反思集

会写教学设计是一名教师迈向优秀的起点，而会对自己的教学有系统的反思，则是一名教师走向优秀的阶梯。除了上课，及时总结反思，有助于教师逐步培养和发展自己对教学实践的判断、思考和分析能力，从而为进一步深化自己的实践性知识，充分激发教师的教学积极性和创造性，并为其专业发展提供机会和条件。教学反思也是教师自身职业道德的一种表现，做反思型教师可以更好地提升自身的教学能力，促进自身更快更好地成长。

思政课堂上说过的那些“废话”

“啊，今天你说过了吗？”

我听过很多教师的课，也把自己的课用录音笔录了下来，事后再来听。不知道大家有没有留意过，在一堂课里，我们说过多少次“啊”（“同学们啊，这个问题啊，这就告诉我们啊……”），说过多少次“由于时间关系”等，有多少自言自语、自问自答。我听过一些课，本着学习的心态，却没有逃脱一颗吹毛求疵之心。在政治课堂上，我学到了很多宝贵的经验，也听到过不少“废话”，如“啊”这个字，一堂课出现几次，是无伤大雅的，也是我们很多教师的真实经历。每当我回听我讲的课里面出现“啊”这个字的时候，我就知道，我的思维在那一刻是暂时停顿的，找不到连接下一个环节的合适过渡，所以我以一个习惯性的“啊”来作为惯有的停顿。一节课里面偶尔出现“啊”我认为实属正常，也有教师说，这只是我的语言习惯，但如果一节课里出现了太多的“啊”，我会认为这节课教师未必认真地备了课，也未必熟练掌握了本课的知识。所以，教师需要不断地进行思维停顿，才能把整节课撑起来。那些让我觉得耳目一新、行云流水的思政课，无一不是很少甚至没有一个“啊”的。这里有一个小建议，用录音笔把自己讲的课录下来，可以录制一节熟练又准备充分的课和一节匆匆准备的课进行对比，你会发现，做一个好的思政课教师，务必要减少课堂上脱口而出的这个大煞风景的“啊”字。

“啊”字过多地出现在课堂上，从某个侧面就暴露了教师功底的不足和备课准备不充分，算是一个课堂的小瑕疵吧。

还有一句话在课堂上出现的频率也比较高——“由于时间的关系”。这句话，大家听起来熟悉吗？

听多了以后，我在思考一个问题，什么叫“由于时间的关系”？说出来感觉没毛病，听起来却总觉得哪里不对。仔细想来，应该还是不太妥当的。一节课，不是表演给谁看的，也不应该为了赶时间、赶进度就在某些内容上就此打住：如教师设置的问题，学生正好有话要说，观点很新颖，或者值得让他说完，教师却来一句“由于时间的关系”，让一切止住；又或者教师自身在阐述某个知识的时候，讲得正带劲，学生正听得津津有味，教师突然又来一句“由于时间的关系”。

这句话在课堂上出现的频率还真不低。每当这句话响起时，我都会有如下疑问：这课堂到底是为了谁来上的？是为什么而上的？所以我将它列入思政课上的废话排行榜前列。就算真的是为了在有限的时间内及时止住，即使心里确实想转移话题或者该宣布下课了，这句话能不说还是尽量不说吧。

思政课堂的问题设置

一堂优秀的政治课，离不开问题的产生。一堂课下来，教师从头说到尾，表面看起来没有什么大问题，但没有产生问题的课堂才是真正的大问题，既不利于培养学生的思考能力，也不利于提高师生的互动参与度。除了部分满堂灌的政治课外，大部分的政治课堂也是有问题设置出现的，有些问题是教师预设的，有些问题是课堂进行过程中产生的，有些问题是学生提出的。在从事高中政治教学近20年的时间里，我旁听了数以万计的政治课，深深地认识到问题设置的重要性。

应该如何看待问题的产生呢?

“问题”，《新华字典》解释为：①要求解答的题目；②需要研究解决的疑难和矛盾，英文称“question”。社会就是在不断解决旧问题、产生新问题的过程中向前发展的。问题产生的及时，比忽视一时有益；问题解决得及时，比掩盖一时有益。社会如此，课堂亦如此。我听过一些政治课，看得出教师在课前做了很多准备，很认真地备了课，查找了各种相关资料，引入了恰当的例子，加入了合适的习题巩固。但听完之后，总觉得欠缺了什么，一回想，欠缺的就是合适的问题。

教师从头讲到尾，滔滔不绝，既没有事先预设一些必要的问题供学生思考，也没有回应学生的问题。这样的课听下来，觉得身心都比较累，不知不觉就走神了。听一节课的教师尚且如此，我们可以换位思考一下：每天坐在教室听很多节课的学生的感受是什么？

这样的课堂违背了学生的学习规律，没有用心挖掘政治课的精髓，无法很好地体现政治课的魅力，也无法很好地落实政治课的核心素养。

对于高中政治课堂而言，提出问题，既能训练学生的思辨能力，也能活跃课堂气氛，更能够达成政治课的教育目标，落实核心素养。一堂政治课，不能缺少问题的产生。

一、问题设置的技巧思考

有些政治课，教师也预设了问题，但问题的质量不高，一堂课下来，预设的问题都停留在很浅显甚至没必要的层面上。例如，在讲“财政及其作用”的时候，预设的问题如下：

（1）财政的含义是什么？

（2）财政的作用是什么？

（3）影响财政收入的主要因素有哪些？

这样的问题设置，学生只需要翻开书本便可以找到答案。如果教师设置问题的水平仅限于此，那么就无法引起学生回答问题的兴趣，会出现无人主动应答的被动局面。即使迫于形势，指定学生回答，学生回答完毕后，我们也要思考一下，该学生从这个问题的回答中到底获得了什么。

所以问题的预设不可随意化和简单化，只有根据学生的认知能力以及思想政治课核心素养的要求来设置的有效问题，才能被称为有价值和意义的问题。例如，还是这堂课，教师如果预设如下问题，情况又会有所不同。

（1）请你列举财政在促进社会公平、改善人民生活的物质保障方面起到作用的例子。

（2）积极的财政政策是怎样实现经济的平稳运行的呢?

（3）国家收入占GDP比重过高的利弊是什么?

这样的问题设置明显比第一个案例里的设置水平更高，也更加符合高中生的认知能力，能够激发学生思考的动力，也能够通过学生的回答检验学生对于知识的理解程度以及对于社会常识的认知程度，有利于更好地发挥学生的主体作用，也更有利于营造生动活泼的政治课堂氛围。

倘若教师能够在授课的时候，给予自己预设的问题一些鲜活的时政材料引导学生具体分析，那么这样的预设问题就显得更加耐人寻味。例如，还是刚才这堂课，教师图文并茂地展示了当年我国财政收支的情况后，再去引导学生围绕我国现今的财政状况设置同样的问题，学生再回答起来就更加有的放矢、得心应手，而教学的目标也更加容易达成。例如，结合十九大关于我国财政收入分配原则中初次分配领域两同步变为同时同步的转变来引导学生思考并回答“国家收入占GDP比重过高的利弊是什么？”“为什么十九大要有这样新的阐述？”紧贴时政，既有利于更好地培养学生的政治素养，又有利于学生更好地理解运用知识。

二、问题有效性对课堂效果的影响

教师不仅要在备课的时候充分考虑具体的学情及预设相关的问题来推动教学的有序进行，也要考虑课堂可能的突发情况，随时应对随课堂产生的新问题。这一点尤其需要教师具有丰富的知识储备和良好的应变能力。

如果教师备课缺乏对学情的准确把握、充足的知识储备，以及对社会现状与时俱进的了解，就会在课堂上产生新问题的时候陷入被动，让课堂变得生硬和尴尬。反之，如果有这方面的准备和能力，教师在遇到新产生的问题时，就能更好地应对，从而使政治课堂变得更加真实和有效。

我曾经听过一堂课，教师讲授的是“国际关系的决定性因素：国家利益”。教师设置了问题讨论：“如何看待中美双方的经贸摩擦？”学生回答很踊跃，从两国之间的共同利益出发谈到在经贸领域不得不长期合作下去，又从双方的利益冲突方面来阐述产生摩擦的原因。不得不说，这个问题设置既符合本课的教学目标，又能够让学生有话可说，学生的回答也都可圈可点，都在教师预设的范围内。这时候，有一个学生提出：“如何看待特朗普上台后对中国的强硬态度？”教师问：“具体指什么？”学生说：“特朗普政府近期表示，将动用一切力量对华施压，阻止中国破坏真正的市场竞争。”学生接着说：“中国政府再一次明确市场的决定性作用，难道中国在美国人眼里并非市场经济体制的国家吗？”这种情况就是我们不时遇到的课堂突发情况，学生经过思考产生一些预设之外的问题，甚至和本课关系不大，但学生提出来了，教师要不要应对？怎样应对？这都是很大的考验。

这节课之所以给我留下了深刻的印象，就是因为在学生提出这个新问题之后，授课教师以丰富的教学经验和足够的应变能力以及对时政的准确把握，还有幽默、有逻辑的语言说服了学生，也说服了我。教师不仅及时回答了这个问题，让学生口服心服，而且迅速利用这个问题把学生引导到本课的主题上来，接着讨论在中美关系的跌宕起伏中来理解国家利益对于国际关系的影响。

2019年，我听了几节公开课，其中一节也是讲国际关系的决定性因素，教师提了第一个问题：“请问同学们，2019年最大的国际新闻是什么？”

这个问题一提出来，我就有些好奇，且不论2019年还没有过完，我对这个“最大的国际新闻”的“最大”感到非常好奇，立即上网搜了一下，生怕真有“最大”的国际新闻，但我并不知道。结果搜到的国际重大新闻有若干条，英国脱欧协议签订、叙利亚战争、日韩矛盾、中美贸易战……太多了，但没有哪一条说的是“最大”的国际新闻。

该教师请了一位学生回答，学生说：“中国70周年国庆大阅兵。”

教师说：“回答正确，请大家给他一点掌声。”

随即，掌声雷动，而我却有些没有回过神来。

接着，该教师又设置了一个“神奇”的问题：“请问中美贸易战是哪两个国家之间的战争呢？”

学生应该和我一样，被这个问题难住了，所以没人回答。场面陷入不可名状的尴尬。

我曾经听过几节公开课，课堂有一个共性的地方，就是教师都设置了一个环节，让学生充当某个角色，如观察员，或者主持人，对同学提问。我仔细观察了一下，虽然学生提的问题有个别还比较稚嫩，但是却很容易引起同学的兴趣，可能是因为他们最了解彼此，所以提问题的时候会更加接近学生的可答性。这给了我一个启示，课堂的问题设置一定要结合学生的实际，让学生有话可说、有话想说、有话能说。

一堂好的政治课，不管方式怎样，一定离不开问题的预设和产生。现实的素材很多，利用素材设置议学活动是一门艺术。离开了问题，学生就成了无法独立思考的个体，而问题设置是否恰当，是否巧妙，是否有话可说、有话愿说又影响了学生思考的广度和深度。教师具有的专业素养也影响了其对学生问题的应对能力，这又进一步影响了政治课的信度和学生的兴趣。当代政治教师，一定要努力提高自己预设问题和应对问题的能力，这样才能更好地落实政治学科的核心素养，达成政治课的教学目标。

思政课选取素材的技巧性

思想政治课，素材的选取是一门艺术。课本中的大部分内容都是理论，离学生的生活相对远一些，要让学生喜欢政治课、认同政治课、理解政治课，素材的选取很关键，也很重要。我们处在一个知识大爆炸的时代，大众媒体在文化传播中发挥着重要的作用，素材选择的范围空前广泛。素材选择恰当与否直接关系着一节思政课的质量。素材是教学资源的一个非常重要的组成部分，思政课的素材包括各种文本、图片、表格、视频、声音、音乐等。

有效地选取素材，是思政课教师的必修课。但凡一节优秀的思政课，教师都忘不了这节课所选取的素材。不管是新课讲授，还是高考复习课，素材是决定思政课成功与否的重要因素。好的素材能够更好地承上启下，为学生构建新知识铺路搭桥，把理论生活化，将生活理论化，两者合二为一、水乳交融。思政课又是最具有时政特点的课，迫切需要教师提高素材选择的能力。我认为，在素材的选择上，可以从以下几点来把握。

一、关注素材的时政性和方向性

思政课是一门与时俱进的课，教材和教参会根据课程的内容配以相关的素材。教材教参的素材选择体现了思政课素材选择的方向。对于我们应该选择什么类型的素材，教材教参都给了我们方向性的指引。思政课教师要引导学生以马克思主义为指导，以核心价值观为指导，深刻把握马克思主义中国化的各个阶段，同时帮助学生树立正确的世界观、人生观和价值观，坚定地走中国特色社会主义道路，成为实践者。

教师在选取素材的时候要解读一下教材教参的材料，不能照搬照用。在媒体发达的今天，各种素材铺天盖地，素材是否合适，是否符合党和国家当前的政策，是否符合正确的政治导向，是选取素材的时候我们首先要考虑的因素。

我曾经听过一节政治课，教师讲的是“正确的金钱观”。其间，该教师为了更好地说明树立正确的金钱观的重要性，举的全部是赤裸裸的反面例子，图片的选择也让人感到尴尬。虽然说根据思政课的辩证思维并不是不能选取反面的例子（我曾经听过很多教师在上《文化生活》第八课“色彩斑斓的文化生活”的时候，在讲到腐朽文化、落后文化的时候，也会选取能体现这类文化的例子，如殖民文化、黄赌毒、封建迷信文化等），但是在素材的选取上都是比较谨慎的。毕竟这是思政课堂，下面坐着的是中学生，他们的心智并没有完全成熟，需要我们更好地引导。本来该教师在上课的时候选取反面例子是无可厚非的，但是图片展示的时候却出现了一些比较尴尬的情况（看得出，学生们都略觉得尴尬）。所以，这提醒我们思政课教师，在选取素材的时候一定要谨慎再谨慎，不要一味地觉得素材有冲击力、能够博取学生的眼球就立即采用，自己把握不准的时候，建议听听同行的意见，集思广益，首先从方向上把好素材这一关。

二、关注素材的趣味性

有些教师说某些课程或者某部分内容实在太枯燥了，讲也没什么好讲的，就给学生画重点，让学生背书。越是严肃略显枯燥的内容，其实越需要教师花心思去挖掘适当的材料来配合课程内容。教师对素材的选取要注重趣味性，如在讲“金山银山，绿水青山”的时候，A老师选取了一段新闻联播的视频，主要内容为播报党中央高度重视“金山银山，绿水青山”；B老师选取了一段某地实践“金山银山，绿水青山”的视频；C老师截取了电影《我和我的家乡》中相关的视频；D老师直接让学生画重点，课后背书。请问各位，如果让你从本课对学生影响的深刻角度来排序，你心中的顺序是怎样的呢?

所以，选取素材的时候也要关注趣味性，有趣、恰当的材料有助于学生更好地理解课本的内容和理论，这远比机械的死记硬背强多了。学生大多更加喜欢生动有趣的课堂，所以，作为思政课教师，要把课上得受学生欢迎，真的需要多在素材的选取上下点功夫。

例如，前不久，我在上统编教材必修1“中国特色社会主义进入新时代”的时候，由于教材的理论性非常强，我在授课的时候选取了知乎上的一个帖子“中国为什么强”，围绕“十三五”规划以来我国在改造贵州、广西、甘肃、云南等落后地区上的成就，让学生对新时代的新产生了强烈的兴趣和认同感，明白了这几个地区过去为什么穷，以及我们国家为什么能，中国为什么强等。整节课我是比较满意的，这就体现了素材选取的重要性。

思政课的实践性　课堂的操作性

新的思政课课程标准中特别强调实践型和活动型课程，很多一线教师都有疑惑：到底什么是思政课的活动型课程？该怎样开展思政课的活动型课程？

思政课以立德树人为根本任务，特别需要带领学生接触社会、认识社会、参与社会，将理论与实践紧密地结合起来，内化于心、外化于行。

学科内容的理论和实践活动相结合，是思政课活动型课程的显著特点。时代的发展对思政课教师提出了新的要求，很多教师都很清楚思政课的实践和活动课程的重要性，却不知道该如何更好地着手。

首先，我们应该了解活动型课程都有哪些形式。

思政课的实践活动应该是全方位、宽领域、多形式的，既包括给学生创造充分的参与社会实践的机会，也包括在日常教学中融入学生充分参与的演讲、辩论、角色扮演、社会体验分享、社会观察分享、志愿者活动、职业体验、职业观察、模拟活动等。

下面我根据自己在教学实践中的一些所做、所想、所查，分享一些关于思政课实践型和活动型课程的体会。

一、日常教学中的活动实践型课程

一线政治教师的主要舞台依旧是每一节常规课程的日常教学，根据不同年级学生的学习内容和学习方式的特点，在实际操作中应该有所不同和有所侧重。首先，我想谈一下活动型常规课程怎么开展。

以人教版必修1《经济生活》为例，在讲社会主义市场经济的时候，很多学校现在都有开展跳蚤市场这样的年度活动，学生对此都比较熟悉，也比较感兴趣。我以往收集过这方面的素材，在学校开展跳蚤市场活动的时候用手机去采访和记录，或者让学生去采访和记录，把这些素材和体验收集起来，在讲市场配置资源的时候，就可以结合学生的活动以及在采访活动中的所获、所感来分享对市场经济的感受，又或者是在讲完了这一课后，布置课后研修作业给学生，让学生走访市场、观察市场、写市场分析报告。案例如下。

案例一：

在学习《经济生活》中“贯彻新理念”相关知识的时候，针对我国经济发展转型的问题进行了主题探究活动。

活动目的：

（1）了解我国经济形势，初步理解经济发展速度与转型的关系，理解当前贯彻新理念的要求和必要性。

（2）培养分析解决现实问题的能力。

活动准备：

（1）事先与有关单位、公司企业联系，或采访各自的家人朋友，做好必要的准备。

（2）拟订调查提纲。

活动步骤：

（1）说明调查活动的程序，交代调查过程中注意的事项和安全、纪律方面的要求。

（2）学生就尚未理解或需进一步了解的问题，自由发言、提问咨询。

（3）及时整理调查的材料，然后，在分析的基础上，自己总结，写出调查报告。

（4）将每组的调查报告送交指导老师批阅，并在课堂内交流。

案例二：

在学习《政治生活》中“国际关系的决定性因素”的相关知识的时候，学生围绕中美贸易战进行了相关探究，并以此为主题进行了一次模拟活动。

活动目的：

由学生分别承担不同角色，进行一次模拟活动。其目的是通过角色模拟从不同的角度来理解中美贸易战的来龙去脉，使学生在活动中尝试参与社会生活。

活动准备：

提前布置任务，多方面收集关于中美贸易战的信息。

活动步骤：

（1）首先以多媒体为导入手段，向学生介绍中美贸易战。

（2）进行有关中美贸易战的模拟活动，学生分别扮演中国政府发言人、美国普通民众、中国普通公民、中国相关出口公司负责人等不同角色，阐明各自的立场和理由。

（3）教师负责加深学生对问题的理解，帮助他们理解“国际关系的决定性因素是国家利益”。

案例三：

高三学生实践作业（由学生来编构材料、参考答案，由师生共同分析完善）。

学生作业一：

材料：在总理座谈会上，李克强说，明年要实现“十三五”良好开局，必须继续从供需两端加大结构性改革力度，以创新供给带动需求扩展，以扩大有效需求倒逼供给升级，实现稳增长和调结构互为支撑、互促共进。他特别提到，提高发展质量和效益，厚植发展优势，必须着力培育壮大新动能，下定决心提升改造传统动能；要“两头促进”，不能“一头沉”。李克强说，在供给方面，继续运用好结构性减税等手段，推动“双创”和“中国制造2025”“互联网+”行动计划的实施，促进服务业、先进制造业发展，扶持小微企业成长，发挥制度创新和技术进步对供给升级的倍增效用，扩大有效供给。

设问：结合材料，运用《经济生活》中的知识回答应怎样在供给方面加大结构性改革力度。

答案：①加快转变经济发展方式，推进经济结构战略性调整，走中国特色的创新发展道路，使经济发展更多依靠创新和内需拉动；②发展实体经济，大力发展生产力，保证生活必需品的供应量，扩大有效供给；③促进产业的转型升级，发展第三产业，鼓励小微企业发展，充分保持市场活力，营造出各所有制企业相互竞争、相互促进的生动格局。（3+3+4=10分）

学生作业二：

材料：改革开放以来，中国制造业持续快速发展，中国成为世界排名第一的制造业大国。然而，与世界先进水平制造业相比，中国制造业仍然“大而不强”。中国制造对自然资源和劳动力资源的依赖极大，存在能耗高、污染严重、产业结构不合理、生产过剩、对外技术依存度高、关键零部件和关键技术依赖进口等问题。同时，随着中国经济的发展，中国的人口红利和劳动力优势正在逐步丧失。

《中国制造2025》是中国制造业应对这些严峻挑战的产物，是实现中国从制造大国向制造强国转变的重要推力，围绕创新驱动、智能转型、强化基础、绿色发展、人才为本等关键环节，以及先进制造、高端装备等重点领域，提出了加快制造业转型升级、提质增效的重大战略任务和政策举措。实施制造强国战略既要遵循世界工业革命浪潮的普遍规律，也要考虑中国自身的发展特点，牢固树立“创新、协调、绿色、开放、共享”的发展理念。

设问：用矛盾的观点分析中国如何实现从制造大国向制造强国转型。

答案：

（1）矛盾具有普遍性，中国要承认目前制造业存在的污染重、工业结构不合理的问题，找到正确的解决办法。

（2）主要矛盾的解决对事物的发展起决定性作用，要求我们抓重点、抓关键。中国制造业要围绕创新驱动、智能转型、绿色发展等关键环节，加强核心技术的研发，以创新引领发展、带动产业升级。

（3）坚持两点论和重点论的统一，既要看到中国制造业的持续快速发展，又要看到中国制造业创新能力的不足。

（4）矛盾的普遍性和特殊性相互联结，要做到共性与个性具体的历史的统一。

实施制造强国战略要在世界工业革命浪潮的普遍规律的指导下，结合中国自身的发展特点，一切从实际出发。

二、开发具有学校特色的校本课程

（一）遇见省实课程

1. 课程简介

遇见省实是一门全新的高中综合性人文校本课程，指向培养有丰富知识、独立见解、批判思维和家国情怀的未来优秀公民。

在这里，省实师生邀您一起看世界、品人生、侃历史、论未来。在交流与碰撞中，引导青少年朋友思考社会现象，关注冷暖人生，积淀人文底蕴，发展批判思维，培育家国情怀。

课程具有以下创新点：

（1）师生的主体性。

遇见省实是一门由师生共同开发的课程，它摒弃了中学传统课程的“讲授”“灌输”，代之以师生之间、生生之间的协商、对话、研讨，课前协商，课中对话，课后研讨。教师和学生的主体性在这个过程中都得到了充分的尊重和激发。

（2）课程的开放性。

① 内容的开放性——师生对话的内容没有预定的脚本。

② 参与者的开放性——除了在场的师生，其他所有校内外的人都可以通过网络关注、网上评论的方式，参与到我们的主题讨论中来。参与者都是教育者，同时又都在接受教育。

③ 时空的开放性——借助视频和互联网，突破了课程时间和空间的有限性，任何时间、任何地方，您都可以与省实人相遇。

（3）课程的整合性。

遇见省实不仅是一门学校课程，还是一门社会课程；不仅是一门线下课程，还是一门线上课程；既包含政治课，也包含历史课、语文课、哲学课、生活课。

遇见省实希望通过以上各种创新，让中国学生发展核心素养的多项培养指标以自然、自主、生动、持久的方式，进入青少年朋友的心灵。

2. 遇见省实校本课程的开发背景

在高中政治教学领域，传统的分科教学使学生难以将知识的学习与运用相结合，越来越多的高中政治教师开始尝试采用整合的方式开展教学，随着

《中国学生发展核心素养》和思想政治学科核心素养的发布，课程整合的价值愈发凸显。遇见省实校本课程正是在这样的背景下诞生的。

（1）分科教学导致学用分离。

高中思想政治课程是一门具有鲜明综合性特点的课程，不仅包含经济学、哲学、政治学以及马克思主义的相关理论，而且还涉及教育科学理论知识、自然科学常识和文学、历史、地理等社会科学基础知识。其落实到具体教学中，则要求教师采用综合的教学方法、发掘综合的教学资源，从而培养学生利用教材所学知识分析和解决现实生活问题的能力。然而，当前高中思想政治学科教学过分注重学科知识的系统教学，难以突破教材和学科局限，充分促使学生将书本知识与实际生活相联系。

在这种情况下，高中生不仅较难理解知识的内在意义，更难将所学知识用于解决实际生活问题，“学用脱节”的现象普遍存在。不可否认，以分科形式开展的教学能保证各学科知识的系统性和独立性，但在真实的生活中各学科却密切联系。正如叶圣陶先生所言：“就这一点而言分科教学不如不分科，而以生活为中心，问题为中心，着手教学来得见效，仅仅减少两三科目还是枝节的办法。”纵观新课标中关于课程结构的论述即可发现，强调最多的非“生活”莫属，如“财经与生活”及“法律与生活”。

鉴于此，在遇见省实校本课程开发的过程中，我们努力挖掘生活和时代中与政治学科相关的教学内容，整合其他学科资源，旨在形成“学用一体”的课程。

（2）课程整合已成为教学趋势。

近年来，越来越多的高中政治教师意识到以分科形式开展教学的弊端，并开始在教学中尝试与其他学科进行整合。例如，有教师在讲授高一政治“价值规律的表现形式”这一专题时，将这部分内容与初中语文课文《多收了三五斗》相结合，将语文学科与政治教学进行整合，从学生熟悉的课文入手，不仅使学生快速地在新旧知识之间建立联系，还培养了学生利用所学知识进行现象分析的能力。有教师将政治教学与历史内容进行整合，在讲授“人民群众是历史的创造者”这一内容时，引入了对中国朝代更替原因的分析，从而得出“人民群众是历史的创造者”这一规律，这一过程既复习了历史知识又加深了学生对政治教材中理论知识的理解。还有教师将时事资源与政治教学进行整合，注重培养学生利用教材所学的理论知识分析和解决问题的能力。另有教师尝试将政治学科教学与地理、数学、生物、化学等学科进行整合，均产生了令人满意的效果。可以看出，整合已经成为高中政治教学的一大趋势，遇见省实校本课程正是顺应这一趋势而开发的。

（3）核心素养呼吁课程整合。

核心素养已成为当今时代世界各国教育改革的重点，是指学生应具备的，能够适应终身发展和社会发展需要的必备品格和关键能力。随着新一轮课程改革的到来，“以生为本”和“立德树人”越来越受到重视。在新的时代背景下，如何更好地挖掘现有资源，推动政治课教学有效达成提高学生素养的目标？如何对现有的教学内容、教学形式和教学评价进行有效的整合？如何使学生愿意学并且学有所获？这是值得每个高中政治教师关注的问题。正因如此，我们立足于学生的认知基础，充分挖掘政治学科的教学特点和教学内容，挖掘生活与时代的因素，进行整合和创新，形成了遇见省实校本课程，旨在探索落实高中政治学科核心素养和高中政治课程整合的有效路径，从而发挥政治学科的德育引领作用。

3. 遇见省实校本课程的实践探索

遇见省实校本课程将三维目标和政治学科核心素养相结合，形成了整合性课程目标；以问题为线索组织课程内容，旨在密切课程内容与学生生活及社会生活的联系。而且，我们坚持每学期开展一期课程，整合人力资源，力求促进教师和学生合作教学意识的形成，以问题和对话引领，密切书本知识与现实生活的联系，扩大教学空间，力求实现政治教学的“学用一体”。

（1）遇见省实校本课程的目标整合。

整合课程是为了帮助学生更好地在书本知识与现实生活之间建立有机联系，在与世界的开放联系中不断拓展思路、开阔视野、创生意义，从而更加有效地面对现实问题。遇见省实校本课程以思想政治学科核心素养为准绳，以学生知识、能力和态度整体发展为核心，形成了如下目标。

知识目标：①掌握基于问题开展调查的方法；②在小组合作学习中，形成团队合作的意识，掌握学习小组组建的方法；③掌握资源查找、信息获取的渠道及方法；④掌握分析知识合理性和正确性的方法。

能力目标：①形成批判性思考的能力，能够对所获取的信息进行全面分析；②养成基于证据表达观点、独立思考、理性思考的习惯；③形成问题意识，能够运用所学的知识分析问题、解决问题。

态度目标：①乐于参与小组合作学习活动；②乐于将所学知识用于现实生活；③形成积极、健康的世界观、人生观和价值观。

例如，通过第四期课程“那些年，我们一起走过的高三”的开展，在本堂课中，学校校长、年级长、学姐、家长代表和学生的充分讨论与交流，让师生加深了互相了解。高三教学对教师而言是具有挑战性和艺术性并且有成就感的一项工作，很多教师都是从高三教学的经历中成长起来的。对于学生来讲，要正确认识高三，要直面高考，这是人生履历中很重要的一步。学生要敢于挑战高考，这是一种主动的心态。高三学生要有毅力、拼搏、担当的精神，人的潜能是无法估量的。学生要赢得高考，一定要有科学的方法，有目标，科学备考，坚定信念。

（2）遇见省实校本课程的内容整合。

学科知识内部的纵横交错及其与其他学科、社会生活的联系，是课程内容整合的重点。尽管以分科形式呈现的知识能够帮助学生快速积累知识，但现实生活并非分学科呈现的，分析和解决现实生活问题也需要人们从多个角度、用多种方法来进行。分科教学这种碎片式、缺乏统整的教学割裂了知识与现实生活的联系，从而导致社会上普遍存在的“高分低能”现象。针对这种问题，遇见省实校本课程在内容选择的过程中关注课程内容与学生已有知识、学生现实生活的联系，旨在促进学生运用来自生活的经验去理解知识。

遇见省实校本课程的内容按照“问题引领，联系生活”的原则选择。所谓“问题引领”是指围绕一个中心问题来组织课程内容，将中心问题作为每期课程的主题。“联系生活”是指每一期课程的主题内容的选择都来自大时代和小生活，原则是贴近学生、走进生活、反思人生、针砭社会，因此内容来源多、范围广，融合了经济、社会、人文、历史、法治等诸多领域，体现了政治学科的生活性和完整性。

（3）遇见省实校本课程的实施方式。

综合化的教学方法是遇见省实校本课程的一大亮点。课程通过对人力资源、学习内容和教学空间的整合，力求促进师生合作教学意识的形成，密切教材知识与现实生活的联系，最终达到学以致用的目的。而且，学习方式的变革还可以提升学生的公共参与素养。

① 整合人力资源，促进合作教学的发展。

教学过程本就不是一个纯粹的知识讲授和知识接受的过程，而应该成为教师引导的知识建构的过程，在这个过程中，会涉及教师、学生、学科专家等多方面人力资源。遇见省实校本课程的实施注重对教学活动中涉及的各方面人力资源进行整合，旨在激发学生自主、合作学习的意识及教师的合作教学意识。例如，在学习过程中，学生为了顺利完成任务，需要自主查阅学习资料、自主组织观点，这个过程有利于其自主学习能力的形成。课程以辩论的形式展开，这就需要学生基于某个观点形成自己的学习小组并且与小组成员合作分工，这个过程能够发展学生的团队合作精神和合作学习能力。对教师而言，合作贯穿整个课程实施过程。例如，在备课过程中，根据每期的内容所需，形成了以政治学科教师为中心、由各门不同学科教师共同组成的综合备课组，备课组围绕同一个教学主题，分担不同的责任，发挥各自之所长。课程的开展也打破了现有教学中由一名教师主讲的形式，取之以本学科教师、其他学科教师、校外专家、主讲教师共同构成的教师团队，实现了学科知识间的交融互通，培养了学生以广阔的视角思考问题的能力。

② 问题对话引领，密切知识联系。

思想政治课源于并指向社会生活，在教学过程中教师应该让学生到现实生活中发现知识、运用知识，问题在这一目标的实现上发挥着至关重要的作用。对学习内容的问题化处理，将对定论知识的学习变成对不确定知识的探究，将被动地接受学习变成学生主动发现的过程。因此，在遇见省实校本课程的教学过程中，我们不再以知识的系统呈现为主，而是以源于生活的问题（话题）为引领，通过问题激发学生的探究意识，通过有效的课堂互动，引发学生对人生、对社会进行思考。例如，在“女性的社会价值”这一期，在探讨“女性的价值更应该倾向于事业还是家庭”这一问题时，有学生拿出统计报告证明自己的观点，有学生从历史的角度来分析为什么女性应该主内，有学生从家庭教育、社会媒体的角度提出对“女主内”的质疑，充分体现了在分析问题过程中跨学科的思维。而所探讨的问题本就是一个没有标准答案的话题，学生的观点因人而异，但与教师、与同学对话的过程不仅能鼓励学生积极交流观点，还可以激发学生关注生活、思考生活，从而打通知识学习与社会生活之间的屏障。

③ 扩大教学空间，实现学以致用。

尽管大多数教师已经意识到了发展学生的政治学科核心素养是其教学的主要目标，但在实际教学的过程中，仍有不少教师只重视教学内容的知识性，将课堂作为政治教学的主要场所。这种方式背离了思想政治学科对学生生活的实际意义，致使很多学生觉得政治学科枯燥无味甚至没有什么用处。长此以往，尽管学生在考试中能写出相应的知识点，却难以在日常生活中运用这些知识解决实际问题。因此，在遇见省实校本课程实施的过程中，我们注重引导学生走出课堂、走向社会，以丰富多彩的社会生活为学习空间，从而帮助学生拓宽知识面、增长见识、提高动手动脑和参与社会生活的能力。例如，在完成每期话题的过程中，学生需要通过查找不同的书本、咨询家长、开展社会调查、上网查找数据等方式，形成对话题的全面认识。这个过程使学习超越了单一的课堂，扩展到整个学校、家庭、社会甚至网络平台等各种环境，大大扩大了学生的学习空间。而在调查的过程中，学生所学的知识也能得到一定的应用，从而帮助学生学以致用。

（4）遇见省实校本课程的评价整合。

专家指出，课程评价作为提升课程开发质量的一种强有力手段，能帮助教师获得改进课程的信息，为教师的课程决策提供依据。整合的目标、内容和教学，需要一种整合的评价方式。而在校本课程评价的过程中，“为何而评”“评什么”“如何评”和“谁来评”是课程开发者要考虑的主要问题。基于上述考量，遇见省实校本课程形成了整合性评价方式，具体如下：

第一，评价目的的整合。“为何而评”是课程评价过程中要考虑的首要问题。遇见省实校本课程的评价目的综合考虑了课程评价在优化学生学习、改进教师教学和完善课程开发过程中的价值，将“了解学生学习情况，从而为优化学习提供支持”“了解教师教学效果，为改进教学提供反馈”及“了解课程开发成效，为完善课程设计提供依据”作为评价的主要目标。

第二，评价内容的整合。在课程实施的过程中，需要学生自主参与、合作学习和探究学习的地方非常多，为了课程的顺利开展，他们需要自己组成团队，自己去查找相关资料来证明自己的观点，甚至自己到街头巷尾采集民意，自己设计调查问卷，自己根据调查结果找出问题、得出结论、阐述观点。因此，在遇见省实校本课程的评价过程中，我们将语言表达能力、课程参与程度、团队合作精神、课后反思能力等作为评价的主要内容，考查学科素养的落实效果。这种综合性的评价内容体系克服了传统政治学科评价只关注知识的弊端，能引起学生对除知识以外其他方面能力的重视。

第三，评价方式的整合。在遇见省实校本课程中，我们将形成性评价和终结性评价相结合、量化评价和质性评价相结合，旨在全面、合理地评价学生的学习表现。例如，在课程实施的过程中，关注学生在每个专题学习活动中的参与程度、发言质量等，并以口头或书面语言给予学生反馈。在课程结束后，综合考虑学生在整个学习过程中的表现，并以书面语言和分数的形式反馈学生的学习效果。

第四，评价主体的整合。遇见省实校本课程的评价主体整合了教师、学生、家长、其他任课教师，有效避免了教师评价的单一化和片面化等问题。例如，在评价过程中，学生通过撰写反思日记进行自我评价，通过点评他人作品和观点进行互相评价，这种方式大大调动了学生学习的积极性。

4. 遇见省实校本课程的主要成效

高中思想政治课程整合不是广泛吸收不同知识领域的材料最终合并成一门课程，而是一个不断改进、不断完善的过程。经过一年多的探索，遇见省实校本课程无论在个体层面，还是在学校层面，抑或在社会层面，均取得了一定的成效。

（1）个体层面，促进了师生成长。

遇见省实校本课程打破了高中政治教学中长期存在的“学用分离”的现象，打通了课本知识与现实生活的联系，促使学生积极运用所学的知识综合思考、分析和解决问题。在课程设计过程中，学生参与课程内容选择，有助于培养学生公共参与的意识和能力。自主、合作、探究相结合的学习，有助于培养学生勇于担当的责任感、善于协商合作的团队意识、综合分析与解决问题的能力。此外，课程的内容与学生生活密切结合，能够激发学生反思并形成自己的世界观、人生观和价值观。例如，在“女性的社会价值”这一期结束后，许多学生（尤其是女生）纷纷表示这个课程让自己开始思考应该如何才能拥有更美好的人生，如何实现自我的人生价值等问题。

遇见省实校本课程也是促进教师成长的有效媒介。在课程开发的过程中，教师以课堂教学研究为突破口，组建了课程研发小组，不断探讨课程目标设计、课程内容选择、课程实施方法、课程资源选取、课程评价开展等问题，逐渐走出了原来“学科本位”“单打独斗”的工作方式，形成了合作、互助、共享的教师文化，实现了从“教书匠”到“设计师”的转变，增强了专业成长的自觉性和主动性。

（2）学校层面，丰富了校园文化。

站在领导者的层面，彰显学校特色是一项艰巨任务，校本课程无疑是一张“王牌”。遇见省实校本课程是核心素养背景下落实高中思想政治学科核心素养和实现高中政治课程整合的初步探索，该课程的成功开展，激发了学校教师参与课程与教学改革的积极性，在一定程度上推动了学校教学研究、校园文化建设等多方面的改革。尽管在课程开发的过程中我们曾遇到过不少困难和挑战，但也取得了一定的成效，这为落实其他学科核心素养和课程整合积累了宝贵的经验。我们将继续探索拓展政治学科的人文价值，如开设有关财经素养的实践课程、法律实践课程等，通过对本学科课程的重构及融合其他学科的特色来探索各人文学科的有效教学路径，在教学中更好地落实高中各学科核心素养。

（3）社会层面，扩大了社会影响。

让更多的学生受惠，让更多的教育者受到启发是我们开设遇见省实这门课程的初衷。每次课程结束后，我们都会将课堂教学实录制作成视频，并上传至线上平台，供社会免费观看。课程开设后，我们坚持每学期打造一期精品的原则向社会发布，旨在为更多教育工作者提供高中政治学科课程整合的有效思路。这种做法不仅更好地达成了高中政治学科核心素养的要求，而且大大增加了广东实验中学、遇见省实校本课程的社会影响力，可谓一举多得。

（二）模拟政协课程

下面以“全面认知：揭开模拟政协活动的面纱”为例讲述模拟政协课程。

1. 本课目标

（1）综合、全面地了解模拟政协活动。

（2）了解模拟政协活动与高中思想政治课程社会实践活动的关系。

2. 课堂任务

（1）介绍模拟政协活动的宗旨、目标、特色价值、组织机构、活动安排等。

（2）综合介绍模拟政协活动的三个关键点：学生社会团（课程）、选题及调研、提案集中展示。

（3）介绍模拟政协活动提案撰写的过程及其所体现的人民政协会议制度。

3. 案例参考

（1）基本指导文件：全国青少年模拟政协活动组委会新版《“全国青少年模拟政协活动”运作开展指导书》。

（2）学习参考：全国青少年模拟政协活动组委会培训讲座“全面认知模拟政协活动”。

（3）案例参考：全国青少年模拟政协活动官方网站指导学习及微信历史

消息等。

4. 实践任务

（1）课后安排学生温习思想政治必修2相关内容，了解人民政协的基本知识。

（2）安排学生思考并初步拟写《我的模拟政协行动计划》（含社团组建计划、调研选题征集等）。

（3）校内宣传推广、人员招募。

5. 反馈评价

（1）组织社团成员就行动计划进行讨论，邀请上届成员分享经验。

（2）落实每次调研、集会的拍照、视频、报道稿、登录官网发布日志等工作。

6. 教学建议

本课可由上届学生主讲，指导教师做好本校活动总体开展规划方案，课时长短视情况而定。

附：

模拟政协课程部分面试题目

面试试题参考［教师可从以下问题中挑选问题进行提问，也可对自己感兴趣的话题（不在下列）提问］：

（1）请为广东省经济均衡发展建言献策。（可运用《经济生活》中的知识，结合实际情况，分角度提出对策，考查学生的逻辑思维、知识运用等能力。）

（2）广州将对电动车、摩托车实施“五禁”（禁售、禁行、禁停、禁油、禁营），请你对此评进行价。（考查学生理性精神、法治精神和逻辑分析能力。）

（3）针对广州市的情况，提出倡导公共交通出行的方案。

（4）请拟订一份校园外卖的调查报告。（从学生实际生活出发，考查学生发现问题、解决问题的能力，特别考查学生做事情的完整过程。）

（5）请你为破解城管与流动商贩之间的矛盾这个老大难问题出谋划策。（考查学生的发散思维和法治精神。）

（6）校园生活中，你的哪些需求无法得到满足？对学校生活超市提出一些建议。

（7）如何开展广东实验中学高中部的招生工作？（从学生生活着手，考查学生创新思维能力，提供新的招生方案与渠道。）

（8）滴滴专车、优步等方便乘客出行打车，但也存在一些问题，如乘客人身、财产安全问题，的哥生意受冲击，等等。请你为政府有关部门建言献策解决这些问题。

（9）关注校园门卫，对门卫人员的管理和工作态度提出建议。

（10）请从你的生活出发，思考你在教育、医疗、经济、政治、文化、科技等方面感兴趣的话题，提出存在的问题，并说一下初步解决问题的方案。

（11）为什么要选择模拟政协，暑假是否有时间进行社会调研，是否会PPT制作、视频编辑，等等。

学生的学习成果案例

案例一：

关于医疗急救设施与急救教育的普及的提案

案由：普及简易急救设施与技能，完善公共服务设施。

提案人：广东实验中学模拟政协小组。

界别：医药卫生界。

一、背景

事例：①2015年8月16日，中国人民解放军总医院张永刚主任在北京首都国际机场心脏骤停，虽然配备在首都国际机场的自动体外除颤器近在咫尺，却因没有人会使用而让张永刚不幸离逝。②2016年6月29日，天涯社区副主编金波在下班回家途中，在北京地铁站台上突然晕倒，现场多名群众志愿者对其进行了人工呼吸和心肺复苏，地铁工作人员也呼叫了急救车，但金波最终未能生还。

从广义上来说，一切能在短时间内救命的设备都是急救设备，包括自动体外除颤器、心脏按压泵等。急救技术就是旁观者按照医学护理的原则，利用现场适用物资临时及适当地对急危重症患者采取的急救措施，如心肺复苏。其中包含了部分医学常识，需要我们每一个人掌握。毕竟，救护车到达现场需要一段较长的时间，而一些急症的最佳治疗时间只有短短几分钟，如心脏骤停的最佳治疗时间只有4分钟。而在繁忙的市区等地，这段时间更是被延长了许多。因此，现场急救就显得尤为重要。

例如，中国每年大约有50万心脏骤停患者，居全球各国之首，其中在大城市中，抢救成功率还不到3%，而在落后地区，成功率更低。而在自动体外除颤器（AED）的协助下，心源性猝死患者的心肺复苏抢救成功率会成倍提高。但我国配备AED的公共场所只有北京、上海、广州、大连等大城市的部分机场、地铁站、体育馆等。这些AED更是被常年忽视。

紧急医疗设施和急救的缺乏已引起了舆论的关注。突发性疾病导致的事故给事故的受害者及其家庭带来了难以消除的伤痛。为了缓解这种现象，社会急需一个完整、科学的调查研究，一份系统、有效的提案也急需产生。

二、当前现状

近年来，我国在医疗卫生方面的工作取得了不小的成就，但仍存在不可忽视的问题。其中，公共场所中配备的医疗急救设施与对公民急救知识教育的普及尚有不足之处，使得“扶与不扶”的困扰撞上了道德问题之外的技术问题。

1. 国外

国内公共场所配备的简易急救设施数量十分不足，这与发达国家相比，差距明显。在美国，所有州均以立法形式明确了为政府产业与警用车辆等配备AED，平均每10万人198台。在日本，学校、地铁站、新干线、机场以及市、村、街道的办事处，基本都配备了AED，甚至一些出租车、自动贩卖机也配备了AED，平均每10万人393台。

2. 国内

老百姓急救的意识和技能比较缺乏，训练有素的人才更是稀少。媒体资料显示，截至2016年4月，首都国际机场3个航站楼的AED配备已经达到76台。然而，也只有北京、上海、广州、大连等大城市的部分机场、地铁站、体育馆等有配备，其他公共场所几乎难觅此类设施的身影，且大部分AED也并未被老百姓所认知，被冷落多年。

3. 政策

国家卫生健康委员会在2014年2月1日起施行的《院前医疗急救管理办法》中，确定了紧急医疗状态下医院及从业医护人员的救护义务。但是在突发事件中，公民、法人和其他单位开展的卫生救护不适用该管理办法。而公共场所发生的亟须急救的情况，第一目击者多半不是专业的医疗从业人员。我们认为，有必要让急救教育与简单急救设施得到更大的推广。

4. 调研

针对上述两个方面反映出的“无力救，不敢救”的问题，我们认为，对医疗急救设施与急救知识教育的普及势在必行。于是我们小组制定了调查问卷，并到公园、景点、商业区、交通站点、相关行政部门等进行了调研。

在我们的问卷调查中，样本容量为1085人，以下是详细数据（在各调查地同意调查项的人数占比）：

问卷调查表

调查地	接受过急救技能教育/%	认为有必要在公共场所配置医疗急救设施/%
企业	60	96
机场	28.8	98.5
学校	43.7	91
社区	27	99

此外，我们还采访了多位店主、志愿者、单位管理人员等人士，我们了解到：

（1）通常情况下，不少单位（景点、商场、志愿者岗亭等）都会在办公地点配备医药箱，但主要配备的是一些外用产品。

（2）如果要配备较复杂的医疗急救设施，则单位需安排专门的医务人员，这会带来培训、成本、人事安排等问题。

（3）在公共场所安装医疗急救设施会面临一些琐碎而不可忽视的问题，如资金投入、公共财物安全、设备自身故障等。

三、解决建议

1. 关于医疗急救设施的普及

（1）规划医疗站系统。合理地在行政区内设立医疗站，医疗站内配置定位功能的报警器，且每个医疗站安排2～3名医务人员，方便报警与提供紧急医疗服务，其他功能视实际情况而定。由于工作量较大，可进行试点工作。医疗站可与服务站、警亭、加油站等合并。

（2）交通部门的简易急救设施与人员培训。在地铁站、火车站、机场、港口等交通站点配置简易急救设施，并由工作人员保管，要求工作人员接受急救技能培训，并在交通工具上常备医疗急救设施，长途交通工具上则尽量安排医务人员。

（3）公园、景点、商场等公共区域应常备医药箱，并就近由常驻机构（志愿者岗亭）或管理机构保管。如果条件允许，应配置简易急救设施。

（4）可以考虑普及带有定位作用的报警器，尤其在医疗站与公共区域。由于一些市民拨打120时可能出现语言不清的情况，耽误了时间，普及带有定位作用的报警器，有助于医院尽快锁定位置。

（5）相关费用可由政府牵头与慈善机构、企业协商筹措。

2. 关于医疗急救教育的普及

（1）在学校、政府部门等受政府管辖的单位积极开展急救技能教育，并鼓励民间自发开展。给自发组织开展急救技能教育的单位颁发荣誉证书，同时给通过急救技能考核的民众颁发一定期限的急救技能证书，若重新通过考核则可以续期。持证者施以急救可减轻或减免责任。

（2）在媒体上进行宣传。联系各大电视台，增加关于医疗卫生常识与简易急救知识的电视节目，在合适的时间段播出；加大网络宣传力度，提高人们的重视程度。

（3）在社会范围内公开组织急救技能培训，如组织开展关于医疗急救技能的大型公益活动，传播急救技能知识等，公民也可以通过网络报名、红十字会等渠道参加相关急救技能培训。

（4）要鼓励更多人参与急救。在学校、社区、政府部门等单位开展生命教育，提高人民的生命意识，鼓励人们主动参与紧急救护工作。

（5）开发紧急急救知识软件。以应用的形式进行急救知识教育，如开发急救知识游戏，激发人们的兴趣，方便人们学习。

案例二：

关于规范普及旧衣物回收链的调研报告

一、背景概述

（一）必要性

1. 总体纺织服装业现状

我国是纺织服装消费大国，纺织服装行业年产值高达9万亿元。纺织服装产业也是资源依赖性和环境敏感性十分强的产业，对不可再生资源和自然资源的消耗很大。近年来，由于HM、优衣库等快时尚潮流使人们对服装的更新频率和消费额度都在不断提升，废旧衣物和废旧纺织品在不断增加。以广州垃圾产生量为例，纺织品占10%~15%。全国每日产生的旧衣物多达数百吨，一年需要处置的旧衣物总量达13万吨左右，约占全部生活垃圾的30%。

2. 废旧纺织品对自然环境的影响及意义

（1）当下，快速淘汰的旧衣物成了新型消费垃圾。以广州市为例，2015年以前，广州市将旧衣物划分为“其他垃圾”，这导致有的人将旧衣物直接丢掉或焚烧。以化纤为基础的纺织品丢弃后如果用焚烧方式处理，会对水质、土壤、空气造成污染。

（2）废旧衣物可以通过回收处理加工成再生资源，进行二次利用，变废为宝。衣服进入工业再利用环节后，一般有三种去向：第一种是“从布中来，回布里去”，即纯棉或纯毛废旧纺织品通过开松、脱色、重新纺纱织造，制作再生纱、线、布以及服装、拖布、包装用布等再生纺织品。第二种是涉及生活方方面面的“旧衣新用”。混纺类废旧纺织品粉碎后可生产阻燃剂，进入模具压制成汽车用板材、空调隔音材料，或切碎、功能化整理为墙体保温材料等产业用纺织品。第三种是把旧衣重新合成纤维，把废旧涤纶衣物还原为单体，重新加工生产涤纶纤维；或醇解成再生功能型纤维，制成高保暖、记忆性填充材料，用于家居行业。据统计，废旧纺织品若全部得到回收利用，相当于节约原油2400万吨，减少8000万吨二氧化碳排放，回收利用价值高，社会效益大。

3. 回收乱象严重，产业链待完善

我国存在着各种形式的旧衣物回收企业，参差不齐。

（1）回收模式。

① 慈善机构（或自发爱心群体）。

② 环卫系统——垃圾分类。

③ 回收企业依托政府循环经济类项目展开回收。

④ 政府旗下工作站。

以广州市为例，目前前端回收形式多以回收箱为主，网络回收及上门回收为辅。

（2）去向。

根据实地调查，我们发现有些箱体被收垃圾小贩换锁承包，导致旧衣物不经处理直接流向二手市场。这不仅传播疾病、污染环境还与政府提倡的垃圾分类背道而驰，伤害了民众参与公益爱心的积极性，造成了严重的负面影响。同时回收箱投放于社区易遭人撬锁破坏，维修成本高。

（3）小、散、乱。

旧衣物回收是新兴产业，国内行业形成时间较短，没有完整的系统和管理办法，各类企业参差不齐，目前市场内部仍在摸索。

① 回收门槛低，企业扎堆乱入。

市面上很多机构并不具备资质，打着环保慈善的旗号非法投入回收箱，造成社会负面影响。

例如，2017年11月27日独树根十二巷新兴幼儿园门口出现了伪造政府“北海环卫”标识的回收箱，长时间没有人回收处理，衣物散落一地。居民通过联系电话找到管理方反映情况，管理方自称是北海市青年志愿者协会下属公司的工作人员。但是经过调查发现，北海市青年志愿者协会下属从未有任何旧衣物回收公司，更未指定任何单位、个人或组织投放回收箱。

多个无资质公司恶性竞争在小区抢占地盘。例如，海曙区内的宁波衣再生公益服务中心和宁波衣可生再生资源回收利用有限公司分别以公益项目和垃圾回收分类为盈利内容大批进入社区，但在采访中市民普遍对公司性质不明确，造成资源浪费和小区拥堵。同时，以上小型非法回收机构造成的社会影响不利于正规环保科技公司的运营，如回收项目得不到融资，公众对正规回收再利用方式感到怀疑。

② 相关旧衣物法律及监管仍是空白。

我国现行的与废物分类、回收及再利用有关的法律、政策及地方标准缺乏针对废旧纺织品回收及再利用的相关政策和制度，无法满足当前废旧纺织品回收及再利用的需要。仅就废旧纺织品回收及再利用制度建设而言，在立法上尚未取得进展。例如，《中华人民共和国循环经济促进法》对建立健全再生资源回收体系、废电子产品回收利用、报废机动车船回收拆解、机电产品再制造，以及生活垃圾、污泥的资源化提出了具体要求，但没有将废物或垃圾分类收集、处理等内容纳入法律法规，且缺少实施细则。《纺织工业“十二五”发展规划》提到了对纺织服装的回收再利用，但是没有明确规定和强制要求，以及缺少系统的激励和评价机制，如广州市政府旗下的旧衣物回收工作站（以广州市接受社会捐赠工作站为例）只出台了旧衣物回收相关条例没有明确的公开的法律条文。

③ 缺乏对废旧纺织品再回收环节的监管。

我国在废旧纺织物清洁生产标准体系和质量标准、检测、监督体系等方面没有形成标准，如分类、识别、分拣、清洗、消毒等，如何防止“黑心棉”流入市场，使废旧纺织品能够被市场普遍接受，目前还是一大难题。产业链不成熟、旧衣物牵涉范围广（社会捐赠、垃圾分类），需交叉管理。我国政府目前处于观望市场状态，对于旧衣物行业以前是民政科管理，目前无部门落实责任，仅依赖企业的自我监督和改进。

4. 旧衣物回收普及度低

作为再生资源的一个重要部分，旧衣物回收在全国普及度低于纸张等资源。广州、上海等一线城市虽有衣物回收试点，但并非覆盖全市；而在多数经济发展水平不高的市镇，旧衣物回收不成为一个专项，回收率较低。

（二）可行性

1. 欧美国家废旧衣物再生发展经验

早在1978年瑞士就设立了专门的公司回收利用旧衣物；在美国，80%的旧衣物会重新捐赠，另外20%用于再生利用；英国提出“零废弃经济”社会发展目标；德国1996年颁布《循环经济与废物管理法》。欧美国家早在20世纪70年代末就意识到纺织纤维废料实际上可成为第二原材料，90年代起，废旧织物回收已成为不少国家的新兴产业。经过近30年的发展，旧衣物回收已成为欧美社会一个独立而庞大的产业链。

2. 市场前景利好

2015年后中国政府将旧衣物由“其他垃圾”一类转至“可回收垃圾”，鼓励、引导市场探索旧衣物回收模式。二次利用技术投入市场后，产生的社会效益和经济效益较高。

3. 国内其他地区的相关政策

现在全国大量省市已试点或实行废旧衣物回收箱制度，如北京、江苏、浙江、山东、上海、河北等地。目前上海的模式很成功，2010年9月15日上海市政府出台了《关于推进本市生活垃圾分类促进源头减量实施意见的通知》（沪府办〔2010〕62号），同时上海市政府在其第五轮三年环保行动计划中已明确大力推广废旧纺织品回收，至2014年年底，废旧衣物回收箱将全面入驻上海市有物业管理的1.2万个小区。废旧衣物回收利用首次被列入“循环经济和清洁生产”专项建设项目，希望通过这两个项目的建设实现生活废弃物资源化、无害化、减量化的目标。

4. 相关技术发展

最新的旧衣物回收再利用技术是由瑞典主创团队创新的“再生服装”与比利时主创团队创新的“智能缝纫”技术。再生服装是指分离棉花和聚酯纤维混纺并将其转化为新的纺织纤维，以实现时装的循环。智能缝纫技术能制造出高温可降解的缝线，而这种可分解的缝线能让修补和回收轻而易举，从而解决移除服装上的拉链和纽扣等人工操作问题。智能缝纫技术将实现废弃面料的再循环，大大降低了实现再循环的技术成本，实际上这项技术更致力于减少衣物在整个生命周期里对环境和经济的影响。

二、调研基本情况介绍

（一）研究方法

本次调查研究的方法包括资料收集法、问卷调查法与访谈法，以得出一般性规律。

1. 资料收集法

小组成员前期在网络上广泛查阅资料，就旧衣物回收现状、现行回收体制及技术进行相关评价，并进行初步的资料搜集与整理。

2. 问卷调查法

小组成员在网络上发放并回收了561份有效调查问卷，在学校、社区、街道、企业等不同地域发放并回收了1650份有效调查问卷，共计回收了2211份有效调查问卷。在用Microsoft Excel软件统计整理后，由小组成员进行分析，最后汇总形成调研报告。

3. 访谈法

（1）实地走访。调查组走访了广州市接受社会捐赠服务站、广州市保洁美环保科技公司。

（2）小组成员电话采访了华南理工大学相关专家教授。

（二）实地采访

1. 现状分析

通过走访调查广州市接受社会捐赠服务站、广州市保洁美环保科技公司和华南理工大学相关专家教授，我们得出以下结论：

（1）政府工作站属公益性质，工作站将旧衣物经分拣、消毒送往有需要的地区。

（2）旧衣物回收企业参差不齐，小型企业不规范经营对大型企业产生负面影响。

（3）企业在相关政策、资金方面也有一定诉求。

2. 问卷调查

（1）所调查人群中有超过一半的居民街区设置了回收箱，大多数居民对于旧衣物回收的行为表示赞同、支持。

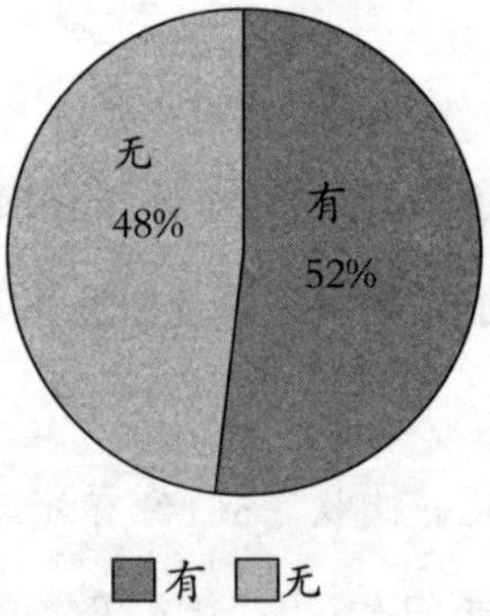

居住的街区是否有旧衣物回收箱

（2）通过调查了解，我们发现，旧衣物回收在各个环节均有需要完善的方面，如去向透明化、完善有关法律、有关机构监管等。

（三）数据总体分析

（1）以广州市为例，旧衣物回收箱的普及程度仍不足。

（2）市民在旧衣物回收方面对政府部门和专业机构的信任度较高。

（3）旧衣物回收在各个环节均有需要完善的方面。

（4）市民对旧衣物回收的实施和落实还存在一定程度的忧虑和怀疑。

（5）分析部分广州市外居民填写的网络问卷，发现旧衣物回收箱的普及程度在全国差异较大。

三、解决方法

（一）规范旧衣物回收

1. 制定标准

由市人民代表大会组织制定地方性法规，填补废旧衣物回收领域的法律空白。质量监督管理部门制定废旧纺织品再利用产品质量标准。商务委制定覆盖全社会的废旧纺织品回收系统和综合利用标准体系。

2. 分头管理

商务委针对上游企业开展废旧纺织品综合利用行业准入和产品认证工作，提高市场准入门槛。民政部门针对组织旧衣物捐赠的社会公益机构落实旧衣物去向透明化，并且推动旧衣物捐赠精准化，引导有关机构在采集受捐者信息、需求后再进行捐赠衣物的收集。卫生部门定期监督抽查有关企业，落实消毒流程规范化。

3. 明确责任

强化居委会、物业管理会对放置于该街道的回收箱的第三方监管责任，每月定期检查回收箱使用状况，并在街道的宣传栏上公开回收到的旧衣物的数量、去向等信息。

（二）普及旧衣物回收

1. 加大宣传

建立科普园区，在学校和社区开展科普活动，建立长期合作关系，提高市民对旧衣物回收的认识，使大众转变对二手衣物的观念，并号召广大群众参与旧衣物回收。

2. 财政支持

政府部门应在税收、资金等方面给予废旧纺织品回收、再利用行业必要的支持，推行增值税缴纳减免、贴息贷款、投资抵免等优惠政策，并施行绿色采购制度，增强从业企业的主动性，使企业在社会效益和经济效益之间找到平衡点。

3. 提高技术

整合行业组织、科研院校、企业等，建立协同创新平台，开展产学研联合攻关，提高旧衣物回收产品的转化率及利润率，打开国内市场。以企业为依托，以市场为导向，建设产学研为一体的废旧纺织品再利用园区和产业基地，扶持培育龙头骨干企业，引导废旧纺织品回收再利用向规模化、规范化方向发展。

4. 依托网络

利用互联网发展废旧纺织品网络交易平台、微信平台及APP回收软件等应用，高效链接生产消费回收领域，共同搭建多层次、网络化、长期性的社会回收体系。利用网络远程直播和追踪系统，使捐赠者通过扫描箱体上的二维码实时监控纤维再生工厂中的运作情况并可了解自己所投放衣物的最终流向，从而激发广大市民的捐赠热情。

四、总结与思考

（1）我们走访了广州市郊区和中心城区，采访了来自企业、政府、学校等的多名受访者，在华南、湖北等地发放了调查问卷，认识到必须通过广泛的调查、深入的采访才能使调研结果具有代表性。

（2）我们的对比结果中，有一些结果由于篇幅有限，未能展示详尽的数据。

（3）问卷调查比较难发放，老年人文化水平有限，无法详细了解；而年轻人多数在玩手机，对于此事不热情；只有在校学生比较热情参与。

（4）在我们调研时（未出示身份证件），部分机构不愿透露详细情况也相对不信任与不耐烦。

（5）通过社会调研，我们学会许多在校内学不到的东西，如如何与陌生人打交道，如何应对不合作的人，如何处理误解自己行为的问题等，使自己的人际交往能力有所提升。

（6）在实践中学习，在调研中成长，在劳动中收获，是我们最深刻的体会。

案例三：

关于完善大病众筹管理的提案

一、研究背景

近年来，吴鹤臣事件、罗一笑事件、苏州小伙事件、重庆“尿毒男”用捐款买车事件等引起过广泛关注。此类事件反映了大病众筹管理不完善，导致某些人利用其进行“诈捐”的问题。随着人口老龄化问题的加剧，大病医疗的问题日趋严重，基本的医保难以为普通患者负担高额的大病治疗费用。大病公益众筹越来越普及，参与度越来越高，为许多患者解了燃眉之急。但目前大病众筹处于监管盲区，主要存在针对这一领域的立法仍不够完善，政府对大病众筹平台的监管尚不完善，平台自身约束能力不足，个别发起人诚信缺失，缺乏标准化、系统化的管理等问题，没有直接有效的管理，亟待规范。为了营造良好的众筹环境，促进大病众筹持续健康发展，我们提交本提案。

二、建议

（一）完善关于大病众筹的相关法律法规以及行业规范

1. 明确大病众筹平台的主体地位

我们小组认为，虽然大病众筹平台不属于互联网慈善组织，但其基于志愿目的开展慈善服务，且其费用支出属于合理的费用支出，应将众筹平台归属于未经慈善组织委托的自发的慈善服务提供者。

2. 规定大病众筹平台的相关责任及义务

（1）监管部门。

明确其主体地位后，应有相关部门（如民政部或组成行业协会）制定相应的规章制度或行业规范，并依法进行合理引导、监督管理。

（2）信息公开。

① 公开捐赠资金流向。在相关行业规范中，应要求众筹平台公开项目筹得资金的流向，并清楚标明查看途径，接受群众及有关部门监督。

② 公开平台年度财务报表。在相关行业规范中，应当要求平台按时公开年度财务会计报告，且报告须经相关部门审计。

③ 公开信息真实有效。要求平台进行信息公开，并且保证其公开信息真实、完整、及时。

（3）严格进行信息审核。

① 依法进行实名制。平台实名制要求用户提供其个人身份证明，确认发起者真实身份。

② 构建信息共享平台。构建医疗、个人财政信息、慈善信息共享平台，由医疗部门、银行等相关机构对发起者上传的信息进行审核。

③ 保障个人信息安全。在进行实名制、构建信息共享平台的同时，平台、政府及有关部门应当防止个人信息泄露，做好个人信息保护工作。

3. 监管途径

（1）群众通过网络监督。行业规范中应明确规定，若发现平台拒不交付善款，捐赠人、受赠人以及有关部门有权依法向人民法院申请支付令或者提起诉讼。

若群众发现平台出现违反行业规定的行为，可向有关部门投诉、举报或者向人民法院提起诉讼。

（2）有关部门监管。行业规范中应明确规定，若发现平台滥用筹得的善款，捐赠者、受赠者可向民政部门投诉、举报或者向人民法院提起诉讼；有关部门可要求其进行整改，拒不改正的，可向人民法院提起诉讼。

有关部门对平台进行不定时突击检查，抽查项目信息真实性以查看平台是否认真履行其义务，核实项目资金流向以确保资金落实到位，查阅年度财务报表以监管平台依法进行合理的非营利性费用支出等。若发现平台行为违反了相关规章制度或行业规范，根据情节轻重依照相关规定进行处罚。

（二）平台规范化管理

1. 确立众筹项目准入机制、适当的发布门槛

明确众筹项目发起过程所填写的信息；明确发起者必须填写的个人信息，确保发起者信息清晰、真实，保障捐赠者的合法权益。

2. 严格核实求助者信息

（1）实现实名制。平台应依法要求用户进行实名制，尤其针对求助者。用户实名制便于核实求助者上传信息的真实性，保证信息真实。同时，实名制的用户信息将录入信息共享平台，确保一人一号，个人信息属实，且积极协助有关部门进行相关调查。

（2）与政府联手，打造医疗、财政、慈善信息共享平台。根据实名制，依法向医疗中心、银行等提交发起者上传的信息；医疗中心、银行等机构依

法核实信息，向平台反馈核实结果；平台收到核实结果，确认发起者信息属实后，允许发起项目。

3. 完善退出机制

众筹平台不属于慈善组织，具有特殊性。若发起者死亡导致项目无效，平台应确认项目中各捐赠者及其捐赠金额，保证善款原封不动退回捐赠者；若发起者痊愈，所筹得的善款仍有所剩余，经发起者允许并确认剩余善款后，征得过半捐赠者同意，将善款捐赠给医院、福利院等慈善机构，若捐赠者不同意，则根据其捐赠金额所占全部金额的百分比退还善款。

4. 平台透明化

（1）公开发起者信息。平台应当向受益人说明需公开部分隐私信息的情况，在征求受益人意见后，部分公开发起者上传的已核实的个人信息。

（2）公开善款流向。平台应依法公开众筹过程中善款的动态，包括募集过程中善款的增加、善款审核以及最终汇入发起者账户等过程，保证资金流转的透明化、公开化，依法保障公民的知情权、监督权，自觉接受群众及相关部门的监督。

（3）按时公开年度财务报表。平台应按时公开其年度财务报表，并按时向有关部门提交年度财务审计报告，保证平台的非营利性不变，依法自觉接受群众及相关部门的监督，依法保障用户的合法权益。

5. 建立用户信用评定机制

平台可对其用户进行信用等级评分，每个用户均有初始分，对信息存在不真实情况的用户进行扣分；对信用分过低的用户，将其信息提交到信息共享平台，并限制其在平台的行为。

6. 完善用户行为规范

（1）平台规范用户行为。

① 建立用户信用评定机制。对用户信用进行评分，对信用积分过低的用

户进行一定程度的限制。

② 设立用户行为规范。用户注册时必须了解并承诺做到用户行为规范。其条例应包括做到诚实守信，不上传虚假信息，不夸大事实，以自愿为原则捐赠，自觉承担发起项目的责任与义务，公开求助者获得资金的用途等。

③ 平台用户注册页面、捐赠页面以及发起项目页面应当标注受益人、捐赠者以及平台具有的权利以及应当承担的义务，使用户清楚了解其所具有的权利以及需承担的义务，并承诺自觉承担其应尽的义务。

（2）政府规范用户行为。

① 完善社会信用管理体系。有关部门应当将发布众筹信息不实等行为纳入信用管理，对众筹平台信用积分较低的人进行警告并限制；信用过低者，将纳入诚信黑名单，进行限制管理。

② 在众筹过程中，自愿原则同样适用。因此，在众筹过程中，捐赠者应当受到法律保护，自由选择捐赠对象，受益人与平台均不得胁迫捐赠者进行捐赠。

③ 赠予是一种合同，属于双方法律行为。根据《中华人民共和国合同法》的有关内容，有关部门应当对捐赠人行为做出规范，不得以捐赠胁迫受益人偿付代价。

案例四：

关于外卖送餐员管理规范问题

一、背景概述

我国外卖行业迅猛发展，2018年，我国服务业增加至占国民生产总值的51.6%。社会节奏逐步加快、智能手机的不断普及、通信行业的爆发式增长、“互联网+”及共享经济的不断发展……种种因素使得社会对外卖服务的需求量不断攀升。但外卖行业目前没有得到高度的重视和规范的管理，亟待整顿及规范，基于此我们提交本提案。

二、现状分析

近年来，我国外卖这一新兴产业高速发展，但仍存在不可忽视的问题，亟须有关部门落实解决。

1. 国内现行政策

我国早已在2009年颁布了《中华人民共和国食品安全法》，在2018年颁布了《餐饮服务食品安全操作规范》《餐饮服务许可管理办法》以及《网络餐饮服务食品安全监督管理办法》等，但这些政策并无对外卖行业的直接规范和指导，且背后缺乏体系性建构和相应的法律规范约束，更缺乏指导外卖行业健康发展的政府驱动力，因此难以切实落实到外卖行业上。

2. 社会调研结果及问题分析

本次调查研究以广东省广州市为例，共回收1745份有效问卷，并采用资料收集法与访谈法，从政府有关部门、外卖行业从业人员等多个角度进行深入调研。结果与问题分析如下：

（1）外卖行业送餐人员门槛较低。外卖平台对电动车驾驶技术、过往履历等人们普遍关心的问题没有要求，仅需个人基本信息，导致外卖送餐员素质良莠不齐。

（2）外卖行业由多个部门共同管理，没有具体的主管部门，缺乏监管力度。

（3）外卖平台对骑手的奖惩制度不合理，对骑手迟到等违规行为惩罚力度过大，导致骑手不遵守交通规则的情况频繁发生；而对送餐员顶替代班等情况并未大力惩罚。

（4）外卖平台相关培训配套措施不完善，培训时间短，外卖送餐员培训不足，同时也缺乏明确的培训标准。

三、进一步规范外卖平台对送餐员的管理的建议

从调研中可以看出，当下我国外卖平台对送餐员的规范化管理亟待进一步提升，为此我们建议从以下几个方面入手。

1. 确立外卖行业主管部门，进行规范、强制、有效的管理

外卖送餐规范的“无主”问题导致在出现问题或人们寻求帮助时，无主管部门负责或提供及时的帮助，甚至出现各部门相互推脱责任的情况，这是外卖行业的一大漏洞所在。因此，应确立外卖行业主管部门，进行规范、强制、有效的管理。

（1）要求各外卖平台公示骑手的工作档案、个人信息、诚信记录等，对未提供相关资料的外卖平台予以处罚。

（2）外卖平台建立一个为消费者、骑手与外卖平台提供沟通桥梁的专业平台。此平台可以切实查询骑手的相关信息，消费者可在此平台上真实反馈问题，使投诉渠道更明确，也避免恶意差评；若骑手的权益受到侵害，也可以寻求平台帮助。

（3）制定出合同范本，并最大限度地推广使用，更好地维护平台、骑手与消费者的权益，减少纠纷。

2. 出台相应法规政策，完善法律体系

我国现已出台的政策大多是管理规定、行业规范，并没有具有强制力的法律法规，这使得部分管理规定成为一纸空文，难以切实开展，也在很大程度上造成了外卖行业管理力度较轻的现状。除此之外，我国大多数政策都是针对食品安全以及实体店制定的，对外卖行业没有具有针对性的法律法规。因此，国家应加快出台具有针对性的法规政策，通过法律的形式规范外卖服务行业的发展。具体措施为：国家应该对外卖送餐人员的具体入职标准（包括有关证件、技能培训要求等）、外卖平台的管理规范（包括营业执照、应尽义务、合同内容的规范性等）以及消费者维权等做出法律规定，为外卖行

业的地方法规与行业规范提供更有效的、更有针对性的法律依据。

3. 不断提升外卖平台服务水平，树立诚信可靠的良好形象

（1）外卖平台应对外卖送餐人员的违规行为进行流程化处理，通过平台程序化地处理消费者反馈的问题，避免送餐员直接与顾客私下协商，发生争执。在每一单完成派送后自觉向顾客发放问卷，让消费者对送餐员的服务提供中肯的评价。外卖平台应对消费者提供的评价进行反思，不断提高服务水平，逐步树立负责可靠的良好形象，推动公司品牌化发展。

（2）加强对已从业人员的培训，使外卖送餐人员更加专业；建立外卖行业的具体标准，优化公司自身管理体系，提升服务能力。

5

第五篇

教育漫谈随想集

常年与学生为伴，与课堂为伴，除了思考怎样做一名好的思政课教师，我也常常主动发现生活、思考生活。几年前，我开了一个个人的公众号，主要就是记录一些漫谈和随想，没有明确的主题，只是记录所思所想，慢慢地，粉丝发展到了千人。记录生活的小点滴，思考生活的小问题，感恩生命的小确幸，一切都刚刚好。

教学相长　相得益彰

《礼记·学记》："学然后知不足，教然后知困。知不足，然后能自反也；知困，然后能自强也。故曰：教学相长也。"

今天批改作业的时候突然好感动。在高三（18）班（文科实验班）上课的时候，我说："老师之前给大家布置了一项作业，但注明为选做项。开学以来，每周交的数量都不一样，多的时候也没超过十人，最少的时候仅一人。就这一人，每次做这项作业都只能说太认真，我经常批改的时候不知道该如何扣分。作为一名文科男生，对自己要求如此严格，对作业要求实在认真，字体又娟秀优美……"

从教近20年来，总是会在学生中间发现一些可以鞭策自己的东西。我记得2015届有一名女生也是这样，整个高三坚持每周做我布置的选做作业。其实无非就是我要求他们看看新闻、编辑一下材料、自己尝试命题、设置参考答案等。这名女生坚持做这项作业到广州市一模的时候，政治居然考了92分。

92分是什么概念呢？我觉得我自己都未必能考到这样的分数。我以前带过一个成绩看起来不怎么样的班级，作为他们的班主任，我只是在不经意的时候提起过几次：如果我们班也有能考上北大、清华的学生该有多好啊。高考那一年，确实一个也没有，但毕业几年以后，班里陆陆续续考了好几个北大、清华的硕士甚至博士。

最让我感慨的是上学期某天，某学生发微信告诉我他被北大录取了，同时发给我一个打开的锦囊，里面赫然躺着一张纸条：“终有一天，我要考上北大，在未名湖边读书，这是我的梦想。”这张纸条是8年前高考前夕写的。那个锦囊也是我当时发给学生的，让他们把自己的梦想写进去，不必给任何人看。

这位学生毕业多年，也工作几年了，还在坚持自己的梦想。

每每遇到这样的学生，虽然身为老师，却由衷地觉得，他们也算是我的老师。

我在他们身上学到了很多可贵的品质，如坚持、用心等。

放弃不难，坚持很酷。天才很少，有志者事就算不成，也少了些遗憾。

哲学里有一幅著名的漫画，一个人不断地挖坑，想要取水，挖了一个又一个，累得不行，勤奋不缺，却少了坚持，因为很多个坑再坚持挖那么一会儿就会喷出水来。

跑步或健身的时候，到了某个疲惫的点，总要鼓励自己，坚持一会儿，达成原本那个小小的目标。

今天在南山班（理科重点）上课，讲到了“全民学习和终身学习”，讲了老师们假期的种种继续学习的例子，问学生觉得人生苦吗，学习累吗，觉得自己足够优秀吗。我说：“我女儿今年初一，我已经开始焦虑，因为我知道现在要考取省实是一件非常不容易的事情。而你们不但考上了，还是最优秀的群体中的一员。此刻在我眼里，你们哪一个都是了不起的，从某种程度上来说，有值得我学习甚至羡慕的地方。”

学生竟然开始鼓励和安慰我，说：“老师您不要着急，孩子的学习总是要慢慢积累的，急不得。”

看吧，这就是我的学生，我比他们年长许多，教他们知识，而他们也反过来教给我知识，这就是教学相长了吧。

《史记·伯夷列传》：“伯夷、叔齐虽贤，得夫子而名益彰。”其实，不仅教学如此，生活亦是如此。我在生命中也遇到不少亦师亦友的人，他们总是在某些方面有着让我佩服的长处，所以，生命不止，学习不止。学习如何工作，学习如何生活，学习如何变成更好的自己，影响周围的人也变得更加美好，学习和一切喜欢的东西相得益彰。从来最容易的事情都最不费力气，所以，我愿意费力点去诠释我的生命。折腾就折腾，矫情就矫情吧。

有一次上课，内容是信用卡与支票。

课中，为了证明信用卡比现金使用起来更方便，我找了一位男同学起来回答问题。

“你认为校园卡方便吗？”

“挺不方便的。”

“原因呢？”

“充值一次三天就没钱了。”

“那你一次不多充一点？”

“没钱啊！”

“那没卡你怎么吃饭？”

“买饭票啊！”

“买饭票和用校园卡哪个方便？”

“买饭票啊！”

此刻，全班响起了雷鸣般的掌声。

我：“这位同学，你这么一说，把天给聊死了。”全班继续哈哈大笑。

我：“你们这么一鼓掌，把路也给我堵死了。”全班继续哈哈大笑。

我：“年纪轻轻，一天到晚说没钱。”

“是真穷啊，老师，我们是‘特困生’。”

我：“特困生一般有两种，上课不用心的特困生和生活贫困的‘特困生’。”学生哈哈大笑。我继续：“反正上课不用心的‘特困生’将来也基本成了生活贫困的特困生，两者相关性很大。还以特困生为荣吗？”

“好吧，老师，你把天聊死了。”

我：“但书本和常识告诉我们，信用卡比现金方便。”

“老师，不能唯书至上啊！”

我：“也是哦，要多读书，读好书，因为知识改变命运！”

我：“当然了，如果你爸堪比马云，我也改改这句话，叫知识给你锦上添花。要不然，你就情愿选择做上课不用心的‘特困生’了，多可怕。还好，你们都是‘穷人’，所以这周的作业要认真做，因为知识改变命运。”

“老师，你又把天聊死了。”

一堂课，学生把天聊死了，我也把天聊死了。看起来不太对的气氛却一直沉浸在欢声笑语中。

上课最怕遇到熊孩子，一不小心就把天给聊死了。幸好经验告诉我，对付他们，就是继续把天给聊死，但不能对着干。下课的时候，我瞥了一眼那个一开始就把天聊死的小男生，他嘴角挂着微笑，不好意思地看我。我看得出，他现在眼里的是喜欢。于是，我对着他眨了一下眼睛，两个把天聊死的人相视一笑。

能把天聊死的人，有时候真心烦人。得理不饶人，不得理也不饶人。或者驴唇不对马嘴，又或者反其道而行之，想让你难堪。所以，我并不倡导这个行为，也不会主动做那个把天聊死了的人。之所以自己也选择把天聊死，只是想让学生知道心在发飙却不得不笑是啥滋味。但我想说，这样的课堂确实会时不时出现一下，而我并不排斥，我们应该允许学生表达自己的观点，甚至是和书本或教师希望的不一样的观点，但教师的乐趣之一就在于抓住一切机会，做一个行之有效的教育者。

教师节随想

——致我的第17个教师节

弹指一挥间，从教第17个年头了。

我们都是用哭声来迎接这个世界的，终有一天，也会在别人的哭声中离去。而中间这段日子，便是生活。这么看来，哭是人最初和最终、最自然的情感流露。所以，我们应该感谢哭泣。

小小的孩子会因为摔疼了胳膊号嚎大哭，会因为得不到心爱的玩具痛哭流涕。当我们渐渐长大时，当我们再次摔跤时，却学会了收回眼泪。小的时候，哭泣会引起大人的关注，有理、无理的要求多多少少都会得到一些满足。长大后知道了，会关注你的人都是心疼你的人，他们是你的父亲、母亲、亲人或长辈。成年后再次摔跤，路过的都是过客，能扶你一把的都是你的恩人，倘若看到的只是冷漠，请理解，他们只是过客。

有那么一阵，我很怀疑现在的教育方向：我们倡导鼓励，缺少批评；偏重保护，缺乏施挫。好听的话，我也爱听，倘若你经常表扬我漂亮、有才华、能干、有气质、什么都好，我自然是美滋滋的，但若习惯了听这些，我会忘记客观地看待自己，一旦放纵缺陷，就可能会摔更多的跤。

所以，我时常和学生讲："你的缺点，父母会包容，师长会包容，但社会不会。"

我还常常对学生说："能当面和颜悦色地指出你缺点的人都是真正关心你的人。你做得好，我自然会不吝表扬；倘若你做得果真不好，我还愿意当面给你指出来，你更要珍惜，因为，我是真正关心你的那个人。倘若哪天我什么都不说了，而你并没有变得更好，只有一个原因，我懒得理你了。"

我教育学生做一个坚强的人，也是在勉励我自己。学生受了打击或者委屈的时候，问我可不可以哭，我说当然可以！所谓坚强的人，是在遇到挫折的时候懂得跌倒了要爬起来，在感到痛的时候可以哭，但不是像小孩那样放肆地哭。

有一部电影叫《叶塞尼亚》，每当叶塞尼亚伤心哭泣时，奶奶便会告诫她："你可不能流泪，眼泪会让人变得更懦弱，会带来坏运气！"奶奶说得也对，但不全对。我们的生活，那么丰富，那么不可预测，喜怒哀乐，是生活之常态。坦白说，我就很爱哭，在不合适的年龄、不合适的场合、不合适的人面前哭，很放肆，也很危险，确实会带来坏运气，生活会扇你耳光，除了疼痛，终将一无所获。想哭的时候，不要太忍，一个人想怎么哭就怎么哭，或者在最能让你心存温暖的人面前哭，眼泪不是懦弱，它可以更快地平复你汹涌澎湃的心情。

能找到地方哭，是一种幸福，要感恩。想哭就哭，终有一天，你会感谢所有让你哭泣的原因，好的经历让你成长，坏的经历却会让你腾飞。

我以前没想过有一天会做教师，这一做就是第17个年头了。我做教师的第一年就告诫自己，要么不做，要做就坚持做一个公平对待学生的人，但公平不代表我不批评。这是我做教师的底线，这和过去我做学生时候的经历有关。

我曾经因为遇到尖酸刻薄、“有色眼镜”常年不换的老师，而深深地厌学过。中考前，他当着全班同学的面，清点他心目中可以考上好高中、将来必定成器的学生的时候，只是用余光瞟了我一眼，就说：“然而你，不太可能。”

可后来的后来，我一直都没有记恨过他，多年之后，我甚至觉得对他充满了感恩。那时候的我，确实没有很认真的学习态度，我的成绩也并不是那么理想，我后来也确实是自费才上了好高中。他说对了一半，主要责任还是在我。

他的这些刺激也是我高中发愤图强的动力之一。

今天仿佛是一个很特别的日子，在教师节这天，我第一次拿到了17年来本校一个重要的奖项。我今天拿到的这个奖，从某种程度上来说，也不仅仅属于我个人，更属于过去一年和我一起拼搏、奋斗，甚至站在我身后的很多人。

如今的我，充满感恩，感谢岁月让我更加明白自己应该做怎样的教师、怎样的朋友和怎样的人。

莫忘初心　方得始终

开学第一课，我和学生谈了谈高中政治学习的要求，其间难免插科打诨一番。很久没有带高一了，这几年，脑海里都是高三学子开学初一副紧张又犯困的表情，我深知他们心里纵然装着一万匹野马，也架不住三年累积起来的各种由期待、失望、压力、沮丧、疲惫、挫折编织起来的质疑。

高一的学生让我感到了新鲜，久违的青春活力，连带着我都觉得像打了鸡血一样。楼道上，一副副陌生的面孔擦肩而过，一声声“老师好”叫得我就差把应和声加几个n次方自动播放了。高三学生是不会这么勤快地称呼自己的老师的，当然这不能全怪他们。我告诉高一的学生，有信心，有行动，就会有收获的时候，他们满脸都洋溢着憧憬，我说考试的最大意义其实在于分数越高就会拥有更多的选择权，才会越自由的时候，他们甚至握紧了拳头，狠狠地点着头。我告知他们习主席和李总理一个清华、一个北大的时候，他们高呼着自己也要读清华、北大，当国家领导人。

我在高一学子身上看到了本应该属于青年的朝气，哪怕我明知道有些幼稚，但幼稚得有希望。我问他们：“有没有想过，接下来，你们会遇到很多的竞争、困难、挫折？有关学习，有关能力，有关人际。”他们似乎并没有考虑过这个问题，但那一刻，我感觉到气氛已经自动由高昂调到了冷静。那一刻，我有一点点后悔，这么好的气氛，我为什么要去破坏？

但这就是现实，我希望每一届学子都去思考一二。

我很想看到的是，一年以后，两年以后，在座的绝大部分还没有忘记自己的初心。你最初是什么样？你最初想怎么样？在你疲惫和质疑的时候，想想你的初心。

我今天提到了好几个过往的学生，A君仿佛是一个天生的学霸，他从高一优秀到了工作。但他靠的真不是题海战术，我记得他全面发展，还是学生会主席，假期都会抽时间去旅游。我记得他和我说过，初一的时候，他已经决定要做一个出色的金融家，那是读过万卷书，走过万里路之后一个慎重的决定，这就是他的初心。因为走得多，看得远，他知道没有分数，就没有明天，每当懈怠、颓废的时候，他都会提醒自己，莫忘初心。

B女的人生是在高一的暑假改变的。那个暑假，她去了北京，自然就顺便去了一趟清华、北大参观。她说她站在清华建筑学院的门口，发呆了很久，看到了自己最想去的地方，于是她决定先学画画，再考取这个学院。据说，在艺考前，她在北京疯狂学画画，最终艺考过关，等赶回来，已经高三一模，时间很紧，据说，她家里到处都贴着她背书的纸条，最终，她以高于当年重本的分数顺利进了那个梦寐以求的大门。这一切都让人惊讶，她只是和我说过，那是她最重要的决定，每当挺不下去的时候，都劝自己莫忘初心。

C君一直是个调皮捣蛋的落后分子，高三的人生却像开挂了一样。我当初想让他和同学们分享一下经验，他很认真地和我说，其实转折点是有一天，他打完球一个人坐在操场上，突然想起当初考上省实的不易以及当初的理想，他不断地反问自己："你真的决定就这样下去了吗？"这就是他人生开挂的原因。

莫忘初心，是多么强大的一股力量！可惜我们经常都会忘记当初我们是什么样，想怎么样。

谁没有过过浑浑噩噩的日子呢？闭上眼睛细数，我近40年的人生，好多浑浑噩噩，不胜枚举。初中的时候贪玩，也是自费才上了一所好高中。我记得高一的第一个晚自习，我已经下定决心，要改变。从此，一个贪玩的孩子，在很短的时间内从学困生变成了学霸。

困难、挫折，都会成为我们坚持初心的障碍。然而坚持初心的人，往往都走到了最后。有很长的一段日子，我肥得整个人变了形，运动过，节食过，体重都没有改变，连自己都觉得坚持无用。若不是受了些实质性的刺激，也不会下定决心改变。回忆起当初练习体操的日子，每次上课，都有杆秤——以我的身高体重是不可以超过92斤的。

2013年带高三三个班，我买了一个架子床，中午都在办公室休息，整天像打了鸡血一样。后来我接着又带了五年，不记得第几个年头，开始倦怠。有几年，老实说，我很低落、很自卑、很厌世，忘记了最初的自己是那么阳光自信。

好在我一直在鼓励自己，不可以忘掉初心。

不管生活，还是工作，困难和挫折一直都在，并没有消失，但我经常告诫自己莫忘初心。懈怠难过的时候，我也学会了开导自己，因为没有谁的人生是时刻绷紧的皮筋，我们所要做的是不忘初心。

我的初心绝对不是一个遇到挫折就邋遢、苟且、颓废、自暴自弃的自己，所以，我在鼓励鞭策自己，而你，准备好了吗？

所以我今天告诉高一的学子，如果说我最希望高一的政治课带给你们什么，我会认真地回答，不是分数，而是更理性、更客观地认清世界、认清自己！而我，也在学习和努力！

祝愿我们都能够在未来遇见更好的自己！

莫忘初心，方得始终！

时光未老 青春不散

——写在又一个毕业季

一早打开微信朋友圈就看到某高三学生的一段话，突然又很感慨，各种滋味一并涌上心头，于是，早餐也来不及吃，提笔，记录下毕业以及见证过毕业的那些心路。

他说："在京东上买了一个东西，按照京东的物流速度，它早就应该送到我手里了，可是没有，我想怎么能还没送到呢？原来，是我把地址填成了省实，原来我真的已经毕业了。"

这样的心情，感同身受。我们总是这样，拥有的时候觉得离别遥遥无期，到了真的离别的这一天，开始惊讶：各奔东西这件事，怎么就来得这么快？于是，不管你愿不愿意，都得带上不舍、带上回忆、带上遗憾、带上伤感走向远方，尽管对远方的憧憬会多少冲淡一些你的坏心情，但这里，时光在你身上刻上了烙印，青春在这段时光里肆意过、挥洒过，你的青春在这段时光里遇见过一生难以重复的片段。正如我一样，年纪越大，越开始怀念，那些时光未老，那场青春盛宴。

高三的时候，总是盼望着毕业的那天，终于不用再没睡醒就得起床，不用纠结自己头发的长度，可以穿自己想穿的衣服，再也不用单调地坐在教室里，埋头解那些永远也做不完的题目，终于可以抬头，肆意地看看外面的天空，贪婪地呼吸窗外的空气，可以对喜欢的人告白了，如果正好，他也喜欢我，那么毕业，实在太美好了。

毕业那天，仿佛全世界都变得宽容了，家长默许了我们的彻夜不归，老师则不再嫌弃被我们搞得乱七八糟的教室。我想起了自己高三毕业那会儿，也是这样，走出考场后，看什么都顺眼了，仿佛扔向远方的不是教材与试卷，而是压力与压抑。远方的诱惑冲淡了对那段时光的不舍，嘶吼、狂欢、得意忘形……后来，又开始慢慢地想念，想念那间普普通通的教室，想念和同学携手同行的日子，想念放学后冲向饭堂的那种原生状态，想念解出一道道难题的释放，想念学校里的一草一木。我发现，纵使时光流转，那些瞬间依旧清晰，早已成为我的独家记忆。如果重来一次，我大概会更加努力地学习、认真地生活，更加珍惜所有的遇见。如果可以重来，我会认认真真地把我的教室打扫得干干净净再离开，还要在黑板上写下祝福！因为那真的就是我最后一次为朝夕相处的它梳妆的机会了。后来，做了教师，还记得送走第一届毕业生的情形，多年后，他们中的部分人又回到省实，穿着小绿裤拍摄了人生另一个阶段对母校的怀念，时光未老，青春不散。接着我又送走了很多很多届学生，最后那堂课，我总会一遍遍地叮咛：

高考后，又是一场新的人生，正如当初你们努力考到省实，才认识了优秀的同学，和他们朝夕相处，共同成长，一起学习，一起旅行。高考的意义亦是这样，心平气和地考出自己的最好水平，遇到新的同伴，继续高中未完的青春，凤凰花开，一季终末，一季伊始。淡淡的白兰花的香味会有点忧伤，但后面，还有更多怒放的生命在等待着你们去绽放。人生就是这样，加入、告别、融入、再次告别、永别……但只要时光还在，我们的青春就可以不散。

毕业季，面临着收获与告别，继续前行与无法回头，要不，为什么说人的成长史就是一个撕扯的过程。之后，你们还要经历更多类似滋味的体验，每个人都一样。还记得大四那会儿，周围如雨后春笋般出现了多对情侣，有的最后也散了，有的竟也携手一生。有一段日子，我们几乎每天都在聚会，每场聚会都有喝不完的啤酒，从来没醉过的竟然也醉了，出乎意料的醉话也说过、听过。今天，我已经大学毕业若干年了，而那些记忆依然清晰，早已经成为虽然尘封却不朽的独家记忆。幸福的是，谁年轻的时候是年轻的；幸福的是，谁成熟得正是时候；幸福的是，花开满园飘香的时候，我正好也在；幸福的是，笑着、哭着、闹着的时候，有人陪着，大家都在。

依然把快递的地址习惯性地写成你的母校因此收不到货没有关系，因为时光未老，青春不散，欢迎你的心还驻扎在这里，祝福你，转身的时候，没有离开。

我们的黄金时代

我们大部分人，普普通通。过去的生活，一边是鲜花，一边是荆棘，一边是高山，一边是悬崖，都多多少少欺骗过怀有过轰轰烈烈梦想的我们。一部分人，已经归于平静。只有少数人继续追问：“我是谁？从哪里来？到哪里去？”

康德说：“这个世界唯有两样东西能让我们的心灵感到深深的震撼，一是我们头顶上灿烂的星空，一是我们内心崇高的道德法则！”我试过独自站在广场上，空旷、孤独却独一无二。就像小时候妈妈和我说，出门要小心车，但我不以为然，那时候我对自己的认知就如这广场上的自我。慢慢地，广场上聚拢了很多人，各式各样。我开始感觉到了热闹，同时也感受到了卑微，接着，范围不断扩大，一座城，一个国，地球，整个宇宙。我体会到如康德般对震撼的近距离接触。这种震撼曾经让我战栗，就如成年后的我，渐渐地低到了尘埃里。

记得以前我也做过学霸。当我内心无所畏惧的时候，其实也做过学困生。但那段日子里，其实我内心是不甘的，说得好听一点，我就是一个矛盾的完美主义者，事实上，只要我稍加努力，就是学霸。这两种身份的转换全在于我对价值的判断。我到底还是渺小的，有些震撼让我战栗，我怕。

有个毕业的学生，目前就读于中国传媒大学，前一阵她策划了一个大型活动，需要一个人物烘托，于是她向我提出了10个问题。

“老师，您知道吗？高三的时候，很多女生都说以后想过您这样的生活，想成为您这样努力工作、生活精致的女人，您觉得同学们崇拜您的原因是什么呢？您对目前的生活状态满意吗？您觉得您是一位成功人士吗？对我们平凡的生活您有什么看法和指导吗？”

她的问题让我一度陷入了困窘，我不知道该如何回答，我和成功大概隔着一条银河的距离吧。那一刻，我甚至觉得这些问题很讽刺，明明当时我心里都是挫败。面对浩瀚的星空，渺小的我那颗高傲、脆弱又伤痕累累的心，应该建构一个怎样强大的体系来表示自己对星空的敬畏。有时候，世界的确是自己的，与他人无关。然而有些时候，通过别人的眼睛来反思自己也的确是一件很有意思的事情。她的问题让我开始重新追问：“我是谁？从哪里来？到哪里去？”

因为无法面对学生的问题，又不想学生失望，我花了大半天的时间，就一个人坐在咖啡屋的窗边，看着来来往往的陌生人，思考着平凡人的成功这个命题。那天，我粗略地统计了一下，陆续进来喝咖啡的有14人次，窗外的路人甲们有168人次，我不认识他们，不知道他们的故事，我只能感受到他们如我一般平凡。可他们中的某些人可能正被别人崇拜着、仰慕着。

还是康德，他说：“老年时像青年时一样高高兴兴吧！青年，好比百灵鸟，有他的晨歌；老年，好比夜莺，应该有他的夜曲。”好吧，让我去听听青年的晨歌。于是，我在校园里逛荡了起来。校园的楼顶，种着各式各样的花草、蔬果，小桥流水亭榭，走在通往天台的通道上，一幅幅优美的绘画作品、雕塑，充满了艺术色彩的校园沙井盖，这一切都是学生打造的。学子们不可思议的创造力都让我感慨这正是属于他们的黄金时代！闪耀了我们的眼，拨动着我们的心。前天，我在这一届高三上了最后一节课，课后，有个女生笑嘻嘻地跑出来和我说："阳老师，您的名字取得真好，感谢这一年有您，从第一节课遇到您，我们就觉得您有如一轮可以燃烧我们的太阳，您的热情、豁达、积极、乐观都深深地激励着我们。"呵呵，说是我感染着他们，还不如说他们也在鼓舞着每每想要逃避放弃的我。新时代的学子总是能以这样或那样的方式震撼到我，他们身上所释放出的能量往往出乎我的意料。我不敢懈怠，只能再读多一点书，走多一点路，我怕跟不上年轻人的脚步，无法再称职地做他们的老师。

岁月真好！一切正好！中学时代，有机会站在舞台上，博览群书，通过学业成绩见证自己的努力，通过各种活动绽放自己的光彩，做到平凡中的不平凡，在这个过程中体会到了成功的喜悦、自信的鼓舞，全方位、多角度地挥洒自己的汗水，就是遇见了更好的自己，开创了属于自己的黄金时代！在我眼里的他们，如朝阳般耀眼，给人带来无限的希望与憧憬。

我以前有个学生，是省实著名的游泳健将，因为特长去了中山大学。难以忘记高三后期，他对我说："阳老师，我想亲自上一节班会课，可以吗？"

这个决定让他为此辗转反侧了很多天，那节课的结尾，他向全班发了一个誓："我答应过老师的，今天我虽然在中山大学，但是明天我一定会考去北大，这是我对老师、对（15）班、对自己的承诺！"

后来，他在中山大学更加发奋图强，直到有一天，我收到他的短信："阳老师，还记得那个誓言吗？今天我同时被北大、港大、清华录取攻读研究生，真的很开心，谢谢大家！"

再后来，我看到一个日益优秀的他奔波于世界各地，做了很多有意义的事情。他还在不断创造他的黄金时代，作为他的老师，除了骄傲，就是祝福。

平凡与非凡是对立统一的两个面，大多数人都如沧海一粟，不是每个人都要做到万众瞩目才算成功。在我眼里，青年就是百灵鸟，尽情地歌唱，潇洒地书写，有大把青春可以拿来冒险，每个人都可以在这段时光成为更好的自己。不要担心犯错，不要害怕失败。在这段时光里，努力过，经历过，就是在开创自己的黄金时代。

而我呢，可以认认真真地回答学生那10个问题了，感谢你们让我开始反思自己的人生轨迹。回忆有时候是一件折磨人的事情，好在我终于明白，并不是永远都站在聚光灯下听到掌声响起来才是我的黄金时代。我认真地、积极地出现过，一丝不苟地生活过，不管遇到多大的挫折都勇敢地站起来过，给予过你们正能量，让你们能从一个平凡的人身上感受到鼓励就是我的价值所在。

礼 物

作为一名教师，感觉幸福的时刻之一就是收到来自学生的“礼物”。从教近20年，送走了一批又一批学生。在很多平常或者特殊的日子里，我也曾经收到过来自学生的“礼物”。我是虚荣的，学生的“礼物”给我带来无比的快乐与幸福。

我有几个大铁盒子，里面存放着这些年学生写给我的卡片。

“阳老师，我很喜欢上政治课，您就是那个发光的发热体，教给我们知识，又点燃我们的人生。人如其名，您就是那颗火辣辣的太阳，照亮我们前行的道路。”

“阳老师，虽然很久没有见面了，但是透过朋友圈，每每看到您在享受生活和用心工作，我都觉得很受鼓舞，自己也因此获得了力量。老师是真的在用行动证明着不忘初心。尽管不再坐在您的课堂上，但我却依然因老师的所言所行受到教诲，因此觉得更加感激和珍惜。祝福我们的女神阳老师，不管在学校还是在任何地方，都持续散发着老师独特的魅力，影响更多的人和事。”

“亲爱的阳老师，那时候还不是您的学生，听您在升旗仪式上的发言，我就感觉您是一个非常有思想的人。后来成了您的学生，为您深厚的教学功底和无比敬业的精神所折服。听了您的课，答题思如泉涌，于是关注了您的公众号，越发佩服。您在我心中不是一个普通的高中老师，而是女性的楷模，是一个真正享受和挖掘生活的人。我非常崇敬、仰慕您，有过您的陪伴，我感到幸运，谢谢老师的付出，希望您幸福、美丽、优雅到永远。”

“谢谢老师一直的鼓励和认可，离开老师后我在大学也遇有过低谷和懈怠，那时候会翻开看看老师的朋友圈，或者回忆一下高中的点点滴滴，想想我这么颓废怎么回去见阳老师，就很快打起精神了。希望下次再见我能分享更多的进步。爱你，阳老师。”

“阳老师，距离我上一次在您的怀里像个孩子一样哇哇哭泣已经过去四年了。有些惭愧的是，四年后的我没办法自信地说自己成为成熟的大人了，有的时候仍然像个孩子一样。但没有改变的是，四年间只要想到老师，想到您的话语和您的怀抱，我就会充满力量。现在的我从华南理工大学毕业，一边工作一边在准备申请读研究生的事宜，在选择专业的时候，我发现自己不像大一时的排斥，而是最终决定继续在公共政策，也就是政治学的旗下深造。老师是带给我学习政治‘初心’的人，您用风趣的语言和例子告诉我们政治与我们每个人息息相关，而您也用自身的经历教会我们，人的路不可能完全按照规划走，但只要初心不改，在哪里都能见到最好的自己。高考的经历曾经让我自暴自弃，但曾经你为了让我更好而对我的关怀和栽培及对自己负责的态度让我经历挣扎重新爬了起来，逐步寻找新生活、新路径的新意义。政治书上的概念都有详细的解释，但人生的定义，对‘优秀’、对‘可惜’、对‘成功’、对‘生活’其实都有不止一种解释。我从您的课堂走出来，您的课堂其实又无处不在。总有人说老师很凄凉，因为送走一批批学生，自己却总在原地。您用实际行动告诉大家，老师也不会只留在原地，老师的身份不改，但作为人有千万种发展和生活上的可能性。感谢阳老师带给我们的一切，老师一直是我们心中的榜样和力量！祝老师教师节快乐、身体健康、生活愉快，期待与老师再相聚！”

“永远的女神，节日快乐！祝女神老师永远光芒万丈！用你阳光的心态、灿烂的笑容、无穷的力量、元气满满的工作和生活，给更多的学弟学妹带去努力奋斗的勇气！”

“老师，非常感谢你过去对我的无私帮助，还介绍我认识了优秀的学姐，在我纠结出国留学事宜的时候，学姐也帮了我很大的忙，都是老师搭线才让我认识了很棒的学姐。最近在看《小欢喜》，发现自己还是看不得讲高考的剧，哭得稀里哗啦。好在现在自己保研了，也算是弥补了自己高考的遗憾。谢谢老师对我的一路鼓励，希望老师的日子可以更加丰富多彩，继续做我们灿烂的小太阳。”

这些都是我视如珍宝的“礼物”，这样的“礼物”有很多，每当收到这样的短信或者卡片，我都会更加坚定做一名教师的理想、信念。

省实有个南山班

昨天上完最后一天班，终于放假了，心情却并不轻松。这个年，原本风平浪静，却注定过得非同寻常。一整天，都在家忙活，洗床单，擦玻璃，拖地擦灰，女儿秒变勤劳勇敢好少年，也跟着我打扫了一天的卫生。

其间，手机不停播报着疫情的最新形势，感染人数在刷新，波及范围在扩大。我突然也觉得自己喉咙略有不适，想起昨天上午带女儿去医院整牙，下午从学校回家坐地铁，都没有戴口罩。

女儿劝慰我，说我想得太多了，广州还安全着呢。

接着钟南山院士发表了言论，证实了病毒是存在人传人的情况的。

傍晚时分，我和女儿各戴一枚口罩，前往商场购买必备的物品，遇到了曾经教过的南山班的孩子，尽管彼此都戴着口罩，但他还是认出了我并且热情地打了招呼。

晚上得空刷手机，就看到我们尊敬的钟院士。84岁高龄的钟院士一边劝告大家不要前往武汉，一边却毅然决然地坐上了前往武汉的高铁。那一刻，我的心情非常复杂，但有一点是肯定的，就是对钟院士的敬仰与敬佩如滔滔江水，延绵不绝，对医务人员的尊敬之情亦如此。

省实有个南山班，就是以钟院士命名的。

当初省实设立南山班的时候，钟院士曾经寄语："这个班能否成功，不取决于有多少人考上了清华、北大，也不取决于能出几个高考状元，而取决于学生能否对权威说不，敢对自己的错误说不。我最看重的是稳定的心态和不满足于现状的心态。"

2020年初，钟院士来到了我校参加新学期开学礼，这个开学礼立即变得意义非凡。当时钟院士坐在主席团正中间的位置，我的位置正好在他的左后方，那是我感到无比荣耀的一刻，我认真地聆听了他寄予师生的希望与祝福，合影留念，倍感自豪。

十几年前，在那场没有硝烟的战争里，我第一次走近钟院士。那时候，他已经是一位老人了，却带领着广大医护人员，战胜了让全社会恐慌的疾病。16年过去了，又一次疫情袭来，他更加是一位本应安享晚年，好好过个舒坦新年的老人，却毅然决然地再一次挂帅。真的，我很感动，所以好想写点什么，哪怕毫无文采却真心实意地用文字来记录一下我对他的敬仰，同时祝福钟院士平平安安，保重身体，早日凯旋。

省实有个南山班，在新的一年里，作为省实的一名教师，我也祝福南山班以及所有省实学子在新的一年里，百尺竿头更进一步，不仅要在学业上取得进步，更要真正地去学习钟院士的品质，成为真正的南山人。

姹紫嫣红的地方才不是荒地

每当高考放榜日，几家欢喜几家愁。太多人习惯性地把高考当作最后一根救命稻草，当成改变命运的最佳机会。考好的欢呼雀跃，我在祝福你们的同时也希望你们在欣喜若狂之时保持一份冷静，好好思考一下接下来的人生；考得不好的如丧考妣，我在安慰你们的同时希望你们同样保持一份冷静。

人生是一场耐力跑，并不是一场冲刺跑，真正改变你一生的因素有很多，高考成绩只是其中一小部分。命运可能一时半会误判了你的努力，但不会总是。高考，只是人生中的一条槛，将来你就会知道，你还会经历失恋、失业、病痛、人际关系等槛，倘若你的综合素质不够高，今天，你会被高考击败，明天，你也会被其他事情打败。

人的一生强大与否、成功与否、幸福与否、快乐与否，取决于多种因素，所以我会对高三的学子说：“高考后，又是一场新的人生，正如当初你们努力考到省实，才认识了优秀的同学，和他们朝夕相处，共同成长，一起学习，一起旅行。高考的意义亦是这样。”

请尽量避免掉入负面的情绪陷阱。我们必须都冷静下来想想我们需要的未来是什么；孩子们的未来应该苟活在一片只有分数的荒地还是活在姹紫嫣红的地方。十年寒窗，学习当然很重要，我们往往只关注了学习结果的好坏，而忽视了去研究学习过程的得失。我们努力地读书，仅仅是为了取得一个满意的高考分数吗？多少算满意呢？个个北大、清华吗？作为师长，我们应该培养怎样的孩子，才能引领他们往前走呢？

我希望我们的孩子除了追求好的分数，还应该具备以下素质。

一、适应力

所谓适应力，我的理解就是能够主动适应环境、适应社会，能清楚地明白自己的所需并且付诸有计划、有目标的行动，在重大挫折面前表现出来的积极状态和良好的应对能力。我记得多年前班里有一个男生，高一、高二成绩平平，高三突飞猛进，迅速成了一匹黑马。我让他和同学们谈谈自己的学习经验，他说了很多，具体的学习方式方法我已经有些模糊了，但我永远不能忘记他在介绍完所有的方法后和大家说的那句话："其实最重要的是，有一天，我踢完球一个人坐在球场上，思考未来的路，突然，我明白了，是时候好好学习了。这个决心给了我后来无比大的动力。"

这个男生的适应力以及行动力都非常强，所以某些家长在责怪自己的孩子上课睡觉是老师教育不力的过错的时候，真的可以给孩子看看这个朴素的例子。培养孩子具有适应力和行动力，需要三方的努力，只有唤醒孩子心中"我要学，必须学"的动力，学习才不会是件多艰难的事情。

诸葛亮从来不问刘备为什么我们的箭那么少，关羽从来不问刘备为什么我们的士兵那么少，张飞从来不问刘备兵临城下我该怎么办，于是有了草船借箭，有了过五斩六将，有了据水断桥吓退曹兵……赵子龙接到进攻军令时手上只有20个兵，收获成果时已攻下了10座城池，多了20000兵，增了3000匹马，军令只是写着攻下城池！如若万事俱备，你的价值何在！

二、情商力

类似沃顿商学院和哈佛商学院等世界顶尖的学府在录取学生的时候都极端重视团队合作和以团队为导向的学习氛围。因此，你的申请必须展示出主动奉献和合作的倾向，并通过具体事例体现出这种倾向。善于团结周围的人，迅速形成团队凝聚力的人，情商都不会低。我见过很多学生，在学习这一块或许并不是最优秀的，但是，他们的组织协调能力、团队合作能力、语言表达能力都很棒。叶圣陶先生曾经说过："什么是教育，简单一句话，就是要养成良好的习惯。"比能力更重要的还有品格，人品才是人真正的最高学历。国学大师王国维说："人品高，则诗格高，心术正，则诗体正。"品格属于那些还会难过的人——为了国家的事情，为了集体的事情，为了不相干的人的事情还会难过的那些人等。孩子的人品和后天有莫大的关系，师长就是对他们最具有影响力的人，所以不可不重视自己的一言一行。教会孩子感恩是很重要的事情，如果教师整日在孩子面前抱怨自己的工资待遇，讨伐社会，家长整日在孩子面前控诉不公，讨伐学校，就会逐渐破坏和抹杀孩子的天性。我们应该做的恰恰是去引导、激发、保护那些良好的心理特质，让孩子懂得感恩父母、老师、同学。只有身怀感恩之心，还会为他人感到歉意的人才会真正激发对学习和生活的责任感和使命感。毕业了多少学生，早已经没法计算，他们曾经考了多少分，哪里还记得多少，但总有一些孩子，我永远都忘不了，他们送给我最好的礼物就是对我的感恩，现在看来，他们都过得很好。深感欣慰，祖国的未来还有这些人撑着。

三、人生的格局观

有一个乞丐，每天在同一个地方乞讨，对走过的衣着光鲜的人视而不见，却每天都在嫉妒比他乞讨收入更多的别的乞丐，那么他一生的格局就只能定格在乞丐上了。于丹说：“成长的问题关键在于给自己建立生命格局。”

稻盛和夫在《人为什么活着》中这样写道：“并非只有失败才是考验，成功同样也是一种试炼……有人成功了，就觉得自己很了不起，态度变得傲慢无礼，这就表示其人性堕落了；但也有人成功了，同时领悟到单凭自己无法有此成就，因而更加努力，也因此进一步提升了自己的人性……无论成功或失败，真正的胜利者都能利用造物主给予的机会，磨炼出纯净美丽的心灵。”真希望身边有更多的人有一颗真正的匠人之心，有一双更睿智的眼睛，有一个更大的人生格局观，不要把高考成绩看成成功与否的唯一标准，甚至不要把自己收入的多少、职位的高低看成成功的唯一标准。青少年时期，对生活的热情、对世界的想象力、强壮的身体、持之以恒的信念、尽量多一点的技能和兴趣爱好等这些素质都很重要。把自己的人生格局画得大一点，抗压力就会大起来，幸福的点也才会多起来。

比起高考成绩，我更情愿学生拥有刚才提到的三种素质，愿我们永远保持热情，生活在姹紫嫣红的地方，而不是苟活在荒地上！

我就是品牌

昨天参加了“红玫瑰白玫瑰”的分享活动。创始人教主Lily是一位集美貌与智慧于一身的女性，和港星温碧霞有几分神似。她也是今天的主持人。

这样的女性，的确可以成为我们的榜样。虽然家境优越，却从未放弃努力工作，她是一位豪门阔太，也是一位二孩妈妈，是自己品牌的创始人，更是这个非营利组织的发起人。在这个组织里，有定期的分享会，内容从品酒、马术、打球、读书、家宴到对话等。

今日的内容让我受益匪浅。上台分享的各位，有斯坦福大学毕业的高才生，也有中专毕业就投身职场的女性，还有米仓老总这片绿叶。

记得遇见省实课程的第一期，主题就是“女性的社会价值”，其间，师生就这个话题展开了激烈的讨论，有人认为女性应该以家庭为主，也有人认为女性应该以事业为重。而今，我再一次聆听了各位职场女性的心得分享，深深地为各位的魅力所折服。

做女人不易，做一位又要兼顾家庭又要奔波职场还不想混日子的女性，更不易。

做女人，既要做到“宏观上的慈悲”，又要做到“微观上的精髓”，对他人应该有怜悯之心，有宽宏大量的心胸和海纳百川的气度，愿意聆听，善于开导，同时要细致入微，要关怀他人，更要好好地珍爱自己。

做女人不易，回家是妻子，是母亲，有河东狮吼、不顾颜面的时候，也有感觉到重重负荷，渴望关心、渴望理解、渴望被宠爱的时刻。

都说女人是水做的，水是温柔的，也是随性的；水是包容的，也是坚持的；水是安静的，也是勇敢的。

有幸听了许多职业女性的分享，虽然来自不同的行业，却有着共同的目标，要一个怒放的生命，给这短暂的一生增添色彩和厚度。

Lily说："谁都不是谁的谁，做好自己自然有人爱你。"人一生中最大的品牌就是自己，要好好地经营自己，写关于自己的成功日记，把别人赞美自己的话及时记下来汇集成册。人活在这世上，就不要总是处于害怕与恐惧之中，做自己认为正确的事情，爱自己认为值得的人，慢慢放下输赢和计较。

生命的本质就是对话，要无时无刻保持对话，与自然、与社会、与历史、与人文对话。说到底就是要及时和自己的内心对话，要了解自己，更要珍爱自己。

我大姐在自己的事业上升期选择了回家。如今，曾经因为缺少陪伴而顽劣的小外甥已经成了一个有礼貌又努力的小朋友，大姐夫事业蒸蒸日上。我的闺蜜可可婚后养尊处优当了很多年的家庭主妇，又再次投身职场。她和我说："我选择做保险经纪人源于我对保险的认可，我一出来做就有了不错的业绩，源于多年来我积累的人脉。以后我家的公司做得更大更强了，我开着巨贵的跑车我依然坚持做保险经纪人，因为这份职业让我觉得帮到了别人，也成就了自己。"她曾经过过让人艳羡的富裕生活，也遭遇过公司破产、债台高筑，如今不仅公司经营蒸蒸日上，她自己也选择做一个忙碌充实的自己，而不是一只米虫。

我自己在昨天的分享会中选择做一个全程倾听的人。

我就是品牌，是不一样的烟火。生而平凡，但我同样热爱我的职业，并且近年来，一直没有放弃努力。我做的事情都是很小很小的事情，但却同样在丰富和完善着自我。生活依然有很多不如意的地方，但我相信，只要我不断做更好的自己，就会一直有人爱我。我会和所有志同道合的亲朋好友成就更好的彼此。

格　局

有这样一句话："泰山不让土壤，故能成其大；江海不择细流，故能就其深。"佛说："竹密不妨流水过，山高岂碍白云飞。"

有一次，有一位校长和我们分享了他连续四届做名师工作室主持人的经验。他的工作室很高大、很成功，一年的经费相当吓人，却全部都用在了刀刃上。n年来，虽为校长，他却潜心教学，上课、出书、做课题，培养了若干骨干教师和多名省百千万人才以及新的名师工作室主持人。他的分享深深地震撼着我——不要着急，有大格局的人，才能够成就一番事业。

我的同学、同事以及朋友和我相处久了，都认可我还算一位大气的女士。凡事无须斤斤计较，有时候，吃亏是福。人生会有很多艰难的时刻，但放眼望去，除了生死，都是小事。

我是什么时候开始去思考这个问题的呢？很久以前，看到一篇宇航员写的文章，大概是说当我们一人独处或者鼠目寸光的时候，总觉得自己就是世界的中心，倘若站到广场中，会发现自己只是其中一员，再倘若无限地放大这个空间，当你有幸从太空中俯瞰地球的时候，你会发现，一草一木都是那么渺小。

从空间上来说是这样，从时间上来说也是如此。

我其实挺欣赏董卿这位主持人的，我把《朗读者》认认真真地看了好几遍，岁月的洗礼，民间的质疑，各种传闻之后，我看到的董卿却比当初主持春晚的时候更加优雅迷人。她的优雅在她的举手投足之间，在她和各位大咖对话的时候信手拈来的诗词歌赋之间，在她采访老人的时候，情不自禁地几次下跪之间。

“美人当以玉为骨，雪为肤，最重要的是以诗词为心。”

她的美，和她的人生格局有关。

别人只是看到董卿在台上风光的样子，某些居心叵测的人则善于八卦她的各种小道消息，人生丑态，又有多少人去了解过她背后努力的样子和坚强的样子呢？我也不能算了解，只能说因为喜欢，所以多看了一些她的资料罢了。

我记得有一位媒体人士曾经评论过她的一句话：“董卿归来，凤凰涅槃，化蛹为蝶。”

不管做哪一行，或者有怎样的人生，天时地利是一半，人和是另一半。格局，是一个人的眼光，也是一个人的胸襟，一个人，只有心怀宽广，才能看到更大的世界，也只有心向远方，才有毅力风雨兼程。

最后，引用刘瑜写给她女儿小布谷的两句话送给你我他：

“愿你有好运气，如果没有，愿你在不幸中学会慈悲。愿你被很多人爱，如果没有，愿你在寂寞中学会宽容。”

人生的路，每一步都算数，你若盛开，清风自来！

师者的幸福

又遭遇了一次失眠，辗转反侧了一夜。以前，我因为焦虑失眠过，因为恐惧失眠过。昨晚的失眠，是因为兴奋。

还记得2008年，雪灾、地震、神舟上天……我接手了一个高二的文科班，担任班主任。第一个晚自习就烦透了，两个女生哭哭啼啼地找我哭诉，说不想在这样一个班级里，她们高一是实验班的，不至于差到要被安排在这样一个最糟糕的班级里。其间，电话响了好几次，某生的妈妈忧心忡忡地叫我劝下她儿子，说他也不想在这个班里，成绩没希望，体育、艺术都看不到啥希望。

接下来的n个日子里，我不仅要负责劝慰这些失魂落魄的成员，还要每天接待一位神奇的女生，听她哭诉自己的各种不幸，哭掉我一卷一卷的纸巾。

整个班级没有一点朝气，包括我。有那么一刻，我也快被他们打败了，陷入破罐子破摔的状态，甚至想卷起铺盖卷走人。

昨晚兴奋，是因为再一次见到了久别重逢的他们。距离毕业的日子，已经第8个年头了。除了毕业第二年大规模欢聚过一次，这些年，再也没有这样的机会。班里的成员散布在世界各地，昨晚也是W君临时召集，几个尚在广州的学生匆匆一聚罢了。

男生更加英俊了，女生则漂亮了许多。我出场的时候，马屁响彻全场。深夜，B同学和我聊了好久，说："过去您是我们的神，现在却活成了女神。"

W说："当时分班，真的很沮丧，除了您是班主任以外。"我立马很得意地问原因。他却说："您高一就教我们政治，虽然风风火火，但一点都不严厉，我想至少比较适合我这种最怕束缚的人。""好混日子是吧？"我问。W说："谁知道您做了班主任我才发现，您确实不够严厉，但我们根本不想偷懒，相信我们是很棒的。"L说："那时候您动不动就公布一下各类迟到、早退、违规的信息，甚至包括具体的时间、地点，在每一次我认为您根本不知道的情况下。"

这让我想起了D同学，教过的学生中身高最高的那个。那时候，我只要发现一些不对头，就在班里声张已经基本掌握了全部信息，投案自首，从轻发落。接着D同学就会在一个很合适的时间出现在办公室，告诉我其实他什么也没做，或者只是从犯，真实的情况是这样的……这个秘密我一直保留到毕业前最后一堂班会课。

Q姐是班长大人，毕业于清华大学金融系，如今在一家金融机构任职，夫君也是清华校友。工作顺利，家庭幸福。

那一年，我们大大地超过了学校的期待值，三十几名学生进入重点大学继续深造，其间和后来，不少学生在全球各地继续求学，有的留在了当地，有的陆续归国。

昨晚小聚，师生相谈甚欢，我们一起回忆过去，回忆我们班的师生、家长，大家说记得当时都喜欢找我聊天，有时候我聊得烦透了，就会发一通脾气，然后接着聊。大家说："珂姐你的记性也太好了吧，啥都记得，甚至还记得我们的父母、我们的兄弟姐妹。"怎能忘记呢？在那个班最初摇摇欲坠的日子里和之后不得安宁的日子里，还有更多个感动我们的日子里，我几乎和这个班所有学生的至亲都打过这样那样的交道，获得了他们这样那样的支持和配合。

如今看到他们在各个领域绽放光彩，为人师者，真的由衷地感到了幸福。看到他们陆续找到人生的另一半，直至今日，都能和我在个人问题上畅所欲言，也感到了由衷的幸福。其间，他们说看过我写的《谁的青春在迷茫》后，突然有点明白为什么当初我听他们谈论感情故事的时候，会那样说了，也明白为什么他们现在还愿意和我聊这个话题了。

不知不觉，夜深了，明天大家还要各奔东西，亲爱的小Z还要去东站赶最后一班和谐号回深圳上班，她归国后约过我*n*次，都完美地错过了。我那位忙成宇宙CEO的男班长要继续投入到茫茫的博士工作之中去。他是我当初非常喜欢的一个小男生，做事沉稳，通情达理，是做学问的料。如今一点都没有改变。L回家后和我说她特别喜欢做菜，希望有机会能够做饭给我们尝尝，我自然是非常期待的了。

我失眠了一整夜，就是一遍遍地回忆过去一切和他们有关的东西，然后想到时光如梭，不知不觉，都送走他们8年了。如果问我对他们最大的期望是什么，那一定不是彼此的成就，而是，我祝福他们这份兄弟姐妹般深厚的情谊不会因为时空的阻隔而飘散，因为当初，我们就是靠着这一份浓浓的兄弟姐妹的深厚情谊，战胜了一个又一个困难，一步步成为更加优秀的自己的。

师者的幸福，是如此的简单，又是如此的沉重。

无问西东

还是忍不住动笔了，想为本年度我看过的最打动我的电影写一点什么。

青春系列的片子我看得多了，但用这种手法去表达的，仅此一部。

譬如《盗梦空间》，譬如《星际穿越》，譬如众多有厘头、无厘头的穿越剧。一开始，我还以为是以第一人称的回忆来讲述一个年代的故事，顺便穿插各种时光的、人物的“穿越”。然而，并不是。

这是一部跨越百年历史的青春大片，片子中每个年代的主人公、故事都不同，也并没有直接的关系，但都代表了同样的青春该有的精神。

如果提前了解了你所要面对的人生，你是否还会有勇气前来？

我一直觉得，自己是独一无二的存在，“存在即被我感知”。那时候出门买酱油，家人都会叮嘱要小心汽车，不要只顾着走路。我只觉得啰唆。我是谁？那种事，怎么可能发生？这个想法在14岁那年改变了，我目睹了一场车祸，一个熟人的小妹妹横穿马路，搭救她的人和她本人都没了。生命，瞬间消失。

片子中有一个年轻人，叫沈光耀，他出身高贵，是富家独子，却背弃了对母亲的誓言，弃笔从戎，英勇就义。

快40了，也踏遍了人生的千山万水，看尽了人间冷暖，我没有做过任何伤害别人和有害社会的事，但却难免受伤。我的心里有深深浅浅的疤痕，不足为外人道。不禁想问问自己，如果我提前了解了做某些决定将会面对怎样的人生，我是否还有勇气那样选择？

一生太短，一瞬好长，我们哭着醒来又哭着遗忘。

小时候，我们哭着哭着就笑了。长大后，我们笑着笑着就哭了。小时候，一句承诺、一个拥抱、一颗糖果，就破涕为笑了。长大后，聚在一起，谈过去和现在，笑着笑着就哭了。原来我们走过的这一程，竟然那么短，而我们伤心的那一瞬，却又那么长。

陈鹏，你拉着王敏佳的手奔跑的那一瞬，幸福好长，长得住在了你的生命中。王敏佳，你在李想懦弱之际，独自承担了责任那一瞬，痛苦，一定也好长。陈鹏，你在给王敏佳亲自挖坟的那一刻，一定觉得一生太短，短得你都来不及去保护她。王敏佳，你是不是在陈鹏最后的日子里，走在寻找他的那条路上，也觉得一生太短？李想，你把生的希望留给了别人，把死亡留给自己的那一瞬，是不是真实地感受到了陈鹏对你说的那句话的沉重？

逝者已矣，生者如斯。

人一生中会遇到多少打击、恶意，会产生多少迷茫、怀疑？情感、世界观、人生观和价值观会因此产生多少冲击和动摇？我们在面临可能的欺骗和敲诈之前是选择退缩，还是继续？张果果给了我们一个坚持善良的理由。王敏佳是不幸的，那个和她一起写了信的人，为了自己的前程，毫不犹豫地和她撇清了一切干系，将她推向了道德的坟墓和死亡。王敏佳又是幸运的，因为有一个人愿意在她遭遇一切灾难的时候，做那个托举她的人。

愿你在被打击时，记起你的珍贵，抵抗恶意；在迷茫时，坚信你的珍贵。

爱你所爱，行你所行，听从你心，无问西东。

我的书单

昨天，整个朋友圈都在悼念余光中老先生，一首《乡愁》，掀起了多少人的愁绪。

先生还写过《蜀人赠扇记》：

——问我乐不思蜀吗?

不，我思蜀而不乐

……

少年时我的天府

剑阁和巫峰锁住

问今日的蜀道啊行路有多难?

今日我在图书馆借阅，看到一本叶圣陶先生著的《我与四川》，就想起余老先生的这首诗，心里想，每每瞧见与巴蜀有关的，我都会格外留心，这便是我的乡愁了吧。

小时候，没有更多的娱乐。小巷的尽头有一家书店，店里整整齐齐都是长条凳，我便是那里的常客。一开始，我都是看小人书，在黄昏，或午后。小的时候，我便通过这一本本小人书，初读了四大名著和很多历史小故事。

我读《百年孤独》，也读《梅花三弄》，我还记得琼瑶有本小说里的女主人公耳朵上也有个肉坨坨，和我一样。高中的时候，因为一本借来的《倚天屠龙记》，我疯狂迷恋金庸先生的作品。至今，在我心中，金庸先生都是写爱情小说最棒的人，没有之一。他笔下的痴男怨女，相遇相知的方式千百种，荡气回肠。坦白说，正是金先生的笔墨影响了我萌芽又不成熟的爱情观。

“他必定是一个有绝世武功的盖世英雄，有一天，会驾着七彩祥云来娶我。”多年后，看罢《大话西游》，听了这段经典台词，才发现说中了我当年一颗粉红色的少女心。

席慕蓉和张爱玲所爱之不同，造就了她们笔下同样唯美却不一样的爱情文字。因为深深迷恋过张爱玲骄傲又卑微的文字，所以大三时有一天，我们宿舍做了一个决定，到各大高校去推销《张爱玲全集》，顺便赚个盆满钵满。

那天在校园里转悠、拍照，抬头看到那粉粉摇曳的异木棉，就想起了席慕蓉的《一棵开花的树》。在我心里那棵开花的树绽放的花朵就应是粉红色的，太深或太浅都不行。我在佛前求了五百年，一棵开花的树，大概就长成这个模样吧。

我还尤其喜欢栀子花。

小时候，生长在前山后山的国营大厂里，满院子都是香喷喷的栀子花，我是那赏花之人，也是那偷花之贼。

前段时间参加了一个比赛，评委问我最喜欢的经济学著作是什么。这倒是把我难住了，不是因为完全不懂，反而是因为看得较多，体会太深，不敢妄加评论。近年来，我终于慢慢读懂了为什么那么多经济学热销书，如《经济解释》《货币战争》《21世纪资本论》都难逃争议（从内容到作者）。

杨绛先生曰：往者不可留，逝者不可追。我读《基督山伯爵》，读《红与黑》，伯爵虽然历尽沧桑已经成熟沉稳，但依然是个感情丰富而强烈的人。近年来，越发理解这是为什么。就好似我自己，在经过千山万水后，再见20年、30年前的老同学，会让他们读出我的沉稳内敛却善感依旧。《巴黎圣母院》中让我最心酸的人不是被绞死的少女，而是丑陋又善良的卡西莫多。他说不要为不值得的人沦陷自己，然而往往，尽管人生处处小心，却难免也让自己为难和甘愿沦陷，可能这才是人生吧。

生活本来就有无数种可能，选择哪一条路我们都会艳羡没有选择的那一条。每个人心中都有一个平凡的世界，都有一个孙少平、田晓霞、孙少安、贺秀莲……每个人心中都有一个爱着的人和一种想要却不得的生活。

那年，我陷入低谷之时，朋友送我一本《遇见未知的自己》，今天，我又买了张德芬的新书《重遇未知的自己》。

高中毕业的纪念册，很多学生唤我一声“先生”，如今想来，甚为惭愧。“先生”一词是我们对余光中、金庸、张爱玲、杨绛、路遥的尊称，而中年的我，却连爱读书这一点都以忙为借口，差点丢得彻彻底底了。

师恩难忘

坦白说，我并不是那个从小就立志要做老师的人。但我的人生却应了那首歌《长大后我就成了你》。

大半年前，去母校培训，课后走在熟悉的校道上，听到有人在叫我的名字，最初以为是幻觉：这所学校，承载着我好多回忆，但熟悉的人，早已离开。可呼唤声还是分明在耳边回响，我狐疑地扭过头，看到的那一幕，让我瞬间模糊了双眼。

他是我的老师，一位学者，知名教授。退休多年的他已然白发，20年了，却依然记得我是他的学生。

我很惭愧，一则因为自己没有主动称呼老师，二则因为毕业多年都未曾主动拜访，三则因为自己也是老师，却不能记住刚刚毕业的每一位学生。

然而，我的老师，纵然白发苍苍，却依然记得我。那一刻，我告诉自己，以后再也不许在学生面前以自己老了为由为自己的记性欠佳找借口。想不到这么多年以后，老师用他的言行再次为我上了生动的一课。

我高中的政治老师是一位博学多才、刚正不阿的人。他曾经因为不满学校对犯错学生的过重处罚而对校长提出异议，在全校大会上宣称把那个孩子交给他来管，如果管不好，他就辞去教导主任一职。

他是我的恩师，在我一蹶不振的时候鼓励我站起来像个自己的样子。他激动起来的时候，说话有些不顾后果，他曾经举着我的卷子，对全班同学说，看吧，这就是参考答案。这就是一个刻苦努力的学生优秀的证据。

他后来去了另一所学校担任校长一职。毕业后，每逢教师节，我都会给他寄卡片。记得他的谆谆教诲，记得他的永不放弃。

后来，我们班好几个学师范的同学毕业后都去了他那所学校做老师，据说，他对自己的学生恩威并重，从前是师生，后来是同事，依然是师生。

他曾经回过我一封信，信中说："我知道高考的录取结果让你失望过，但我相信，无论你到哪里，做什么行业，都不会让我失望。"

我很多年没有给他寄过卡片了，因为很久以前，他就因为疾病过早地离开了我们。

一日为师，终身为师，我会一生怀念，并且深信他去的是天堂，并没有离开。

前段日子，和一位恩师共进晚餐，还是老师联系的我，只说是真的好久没见过我了。说来惭愧，他似乎记得我和他交集的所有点滴，而且他对我的帮助非常之大。然而，这么多年我却甚少和老师联系，内心是惭愧的，总觉得辜负了老师的期待，能躲则躲。

但每次见到老师，他都会当众各种夸我，很多事情都俱往矣了，包括那些糗事，他也一并记得。他记得我的乖巧，也记得我的叛逆。他关注我的成长，连我什么时候什么文章登过报纸都如数家珍。

我今天突然有点明白过来，他们之所以优秀，是因为他们在用心做老师。做老师是他们毕生深爱着的事业，他们之所以夸我、鼓励我，也是因为他们的优秀，而不是因为我有多优秀。

师恩难忘，而老师们正在用他们的言行继续给我上课，岁月虽不饶人，但今天永远是最早的一天。我会学习我的老师，爱我的学生，并且将教师这个职业当作我后半生的事业来好好经营。

但愿当我真的老了的那一天，我还保持着这颗初心，回望我的一生，历数我遇见过的学生，为自己做过一名好老师而问心无愧。

写给年尾

岁月不居，时节如流！不知不觉间，2021年就要到了。时间改变了很多东西，却在我心里留下了痕迹。我并没有很刻意去记住什么，但那些深刻的、感人的人或事根本就难以磨灭。下一个伟大的目标定格在2035年，15年的光辉岁月，祝我们细水长流，平安顺意！

年尾了，又承担了好几个社会职务，翻找各类证书，却翻找到一张老照片。片中是我们一堆老朋友，曾经在某地自由行的时候吃牛排，餐厅免费给我们照了“拍立得”。照片中的孩子们还是傻呵呵咧着大嘴笑的儿童，而今已成满怀心思的少年。我扎着一个高高的丸子头，十分俏皮。照片中的所有人如今都有了各种各样的改变，不变的是我们最初的决心，在孩子们还依赖我们的时候，带他们去行万里路。

一张老照片勾起了我对往日旅行途中各种欢乐的回忆。我曾经去过很多地方，近年来，却仿佛什么改变了，哪里也没去过。工作的千头万绪、孩子的学习压力，都在对我说：“来日方长。”

我一边回忆过去走过的地方，一边憧憬着未来将要去的地方。

去年年尾，我非常开心在广州和一帮老师聚在了一起，他们来自甘孜，是我曾经支教的时候一起战斗过的同行。那段岁月虽然不长，但却成了我生命中一段宝贵的回忆。

我想起了那座群山环绕的学校，想起了大渡河奔流的河水撞击石头的声音，想起了当初在那里，老师对我的关心与热情，想起了他们怕我周末孤单，准备丰富的食肴，邀请我一同吃个便餐的热闹，还有我临走时，好几个老师塞给我的土特产。

嗯，非常美好的一个夜晚，在广州，有幸和远到的他们相聚一堂，其乐融融。

又到年底了，老家的小姐妹又在关心我今年到底回不回去过年。旧照片中的老友也在关心我到底还跟不跟大家去旅行。

岁月无痕，清浅而行，时空有序，淡然而过。

回首2020，展望2021。

在过去的日子里，我仿佛收获了不少，但更走过了很多不为外人道的充满荆棘坎坷之路。如果非要说过去几年里最大的个人收获，那应该就是学会了珍惜，懂得了放弃；学会了从容，懂得了沉稳。

在年尾的最后几天里，我选择感恩岁月，砥砺前行。我相信未来是美好的，正如过去我遇见的所有美好。